部编语文教材配套阅读丛书

夏放　谭小红◎编选

（普希金诗歌选萃）

假如生活欺骗了你

JiaRuShengHuoQiPianLeNi

作家出版社

图书在版编目（CIP）数据

假如生活欺骗了你：普希金诗歌选萃 / 张夏放编著 . -- 北京：作家出版社，2019.6

（部编语文教材配套阅读丛书）

ISBN 978-7-5212-0351-6

Ⅰ. ①假… Ⅱ. ①张… Ⅲ. ①诗集 – 俄罗斯 – 近代 Ⅳ. ①I512.24

中国版本图书馆CIP数据核字（2019）第019064号

假如生活欺骗了你：普希金诗歌选萃

编　　者：夏　放　谭小红
责任编辑：郑建华　李　雯　乔永真
装帧设计：揽胜视觉
出版发行：作家出版社有限公司
社　　址：北京农展馆南里10号　　　　邮　　编：100125
电话传真：86-10-65067186（发行中心及邮购部）
　　　　　86-10-65004079（总编室）
E-mail:zuojia@zuojia.net.cn
http://www.zuojiachubanshe.com
印　　刷：中煤（北京）印务有限公司
成品尺寸：165×240
字　　数：190千
印　　张：13.5
版　　次：2019年6月第1版
印　　次：2019年6月第1次印刷
ISBN 978-7-5212-0351-6
定　　价：32.00元

假如生活欺骗了你

假如生活欺骗了你，
不要悲伤，不要心急！
忧郁的日子里须要镇静：
相信吧，快乐的日子将会来临。

心儿永远向往着未来；
现在却常是忧郁：
一切都是瞬息，一切都将会过去；
而那过去了的，就会成为亲切的怀恋。

假如生活欺骗了你

夜莺和玫瑰

春天，在花园的静谧中，在黑夜的雾霭里，
有只东方的夜莺对着玫瑰歌唱。
但娇媚的玫瑰花毫无感觉，不听也不看，
却在这爱的催眠曲下摇摆着进入梦乡。
你是不是也这样歌唱过，对冷若冰霜的美人？
该清醒啦，你还有什么向往？
她根本不听，也感觉不到诗人的存在，
你瞧，她艳如桃李，你喊她——却没有回响！

第二部分　童话诗

第三部分　叙事诗

这是普希金最好的一幅自画像，创作于 1829 年，后来贴在
叶·乌沙科娃的纪念册中。后人创作普希金形象多以此为雏形。

普希金小传

　　一提起俄罗斯诗人普希金（1799—1837），人们就会想到他的抒情诗
《假如生活欺骗了你》和《致大海》，而叙事长诗《叶甫盖尼·奥涅金》
和童话诗《渔夫和金鱼的故事》更为世人熟知。

　　普希金在中国的影响也极深远。普希金读过不少有关中国的书籍，
对中国怀有深厚的兴趣和感情。1830 年 1 月，他曾请求沙皇当局允许他
随同使团访问中国，但遭到拒绝。普希金及其作品在 20 世纪初已被介
绍到中国来。中国翻译的第一部俄国文学作品是普希金的代表作《上尉
的女儿》，中译书名为《俄国情史》，又名《花心蝶梦录》。普希金的诗歌、
戏剧和散文作品，大部分已有中译，有些作品甚至有几种译本。

　　亚历山大·谢尔盖耶维奇·普希金，1799 年 6 月 6 日出生于莫斯科一个家道中落的贵族地主家庭。

　　普希金在浓厚的文学氛围中长大。童年时代，由法国家庭教师管教，接受了贵族教育，八岁已可以用法语写诗。他的农奴出身的保姆常给他讲俄罗斯的民间故事和传说，使他从小对民间创作发生了浓厚的兴趣。

　　1811 年，普希金进入贵族子弟学校皇村学校学习，年仅十二岁就开始了其文学创作生涯。1815 年，在中学考试中他朗诵了自己创作的《皇村回忆》，表现出了卓越的诗歌才华。在皇村中学，他还接受了法国启蒙思想的熏陶，并结交了一些后来成为十二月党人的禁卫军军官。他反对沙皇专治，追求自由的思想由此初步形成。

　　普希金毕业后到彼得堡外交部供职。在此期间，他被早期十二月党人及其民主自由思想所感染，参与了和十二月党人秘密组织有联系的文学团体"绿灯社"，创作了许多反对农奴制、讴歌自由的诗歌，如《自由颂》（1817）、《致恰达耶夫》（1818）、《乡村》（1819）等。

　　1820 年，普希金创作童话诗《鲁斯兰与柳德米拉》。故事取材于俄罗斯民间传说，描写骑士鲁斯兰克服艰难险阻战胜敌人，终于找回了新娘柳德米拉。普希金在诗中运用生动的民间语言，从内容到形式都不同于古典主义诗歌，向贵族传统文学提出了挑战。

　　普希金的这些作品引起沙皇政府的不安，1820 年他被外派到俄国南部任职，其实是变相的流放。在此期间，他与十二月党人的交往更加频繁，还参加了十二月党的秘密会议。他追求自由的思想更加明确和强烈，写下《短剑》（1821）、《囚徒》（1822）、《致大海》（1824）等名篇。从这一时期起，普希金完全展示了自己独特的风格。

　　1824~1825 年，普希金又被沙皇当局送回普斯科夫省他父亲的领地米哈伊洛夫斯克村。在这里度过的两年幽禁期间，他创作了近百首诗歌。他搜集民歌、民间故事，钻研俄罗斯历史，思想更加成熟。1825 年，普希金完成了俄罗斯文学史上第一部现实主义悲剧《鲍里斯·戈都诺夫》的创作。

　　1826 年，沙皇尼古拉一世登基。为笼络人心，普希金被召回莫斯科，但仍处于沙皇警察的秘密监视之下。普希金没有改变对十二月党人的态度。他曾对新沙皇抱有幻想，希望尼古拉一世能赦免被流放在西伯利亚的十二月党人，但幻想很快破灭。于是，他创作了政治抒情诗《致西伯利亚的囚徒》，以表达自己对十二月党人理想的忠贞不渝。

1830 年秋，普希金在他父亲的领地度过了三个月。这是他一生创作的丰收时期，在文学史上被称为"波尔金诺的秋天"。在这里，他完成了自 1823 年开始动笔创作的叙事长诗《叶甫盖尼·奥涅金》，塑造了俄罗斯文学中第一个"多余人"的形象。另外，他还创作了《别尔金小说集》，其中《驿站长》一篇是俄罗斯短篇小说的典范，开启了塑造"小人物"的传统。

1831 年，普希金迁居彼得堡，仍然在外交部供职。他继续创作了许多作品，主要有叙事诗《青铜骑士》（1833）、童话诗《渔夫和金鱼的故事》（1833）、中篇小说《黑桃皇后》（1834）等。

1836 年，普希金创办了文学杂志《现代人》。该刊物后来由别林斯基、涅克拉索夫、车尔尼雪夫斯基、杜勃罗留波夫等编辑，一直办到 19 世纪 60 年代，不仅培养了一大批优秀作家，而且成为俄罗斯进步人士的喉舌。

普希金的创作和文学活动令沙皇政府颇感头痛，他们用阴谋手段挑拨法国籍宪兵队长丹特斯亵渎普希金的妻子冈察洛娃，导致普希金和丹特斯决斗。决斗中普希金身负重伤，1837 年 2 月 8 日不治身亡，年仅三十七岁。他的早逝，令俄国进步文人这样感叹："俄国诗歌的太阳沉落了。"

为纪念普希金，人们把他出生的皇村改名为普希金，著名的波尔金诺村也在附近。

在俄国文学史上，普希金享有极高的地位，他一向被尊称为"俄罗斯诗歌的太阳"。文艺评论家别林斯基曾这样讲过："只有从普希金起，才开始有了俄罗斯文学，因为在他的诗歌里面跳动着俄罗斯生活的脉搏。"他还把《叶甫盖尼·奥涅金》称为"俄罗斯生活的百科全书"。

普希金的重大贡献，在于创建了俄罗斯文学语言，确立了俄罗斯语

言规范。俄国作家屠格涅夫说："毫无疑问，他创立了我们的诗的语言和我们的文学语言。"普希金的同时代人和好友果戈理也曾说："一提到普希金的名字，马上就会想起这是一位俄罗斯民族诗人。他像一部辞书一样，包含着我们语言的全部宝藏、力量和灵活性。在他身上，俄罗斯的大自然、俄罗斯的灵魂、俄罗斯的语言、俄罗斯的性格反映得那样纯洁，那样美，就像在凸出的光学玻璃上反映出来的风景一样。"

普希金还是一位美术家。只要翻阅普希金的手稿，就能发现稿纸上面有许多草图和速写，线条轻盈、急速、飞舞，符合诗人的气质和性格。普希金尤其擅长肖像画，只需寥寥几笔就能勾画出人物典型的特征，画得往往比一些专业画家的肖像画还要生动、传神。

第一部分　抒情诗

我的墓志铭

刘湛秋 译

这里埋葬着普希金；他和年轻的缪斯①

在爱情和懒散中枉度了一生愉快的光阴，

他没有做过什么好事，却有一颗好心，

谢天谢地，他可算个好人。

（1815）

这首诗是普希金在皇村中学读书时写的，时年十六岁。墓志铭是一种悼念性的文体，分"志"和"铭"两部分。志多用散文撰写，记述逝者姓名、籍贯、生平事略等。铭则用韵文概括，主要是对逝者一生的评价。

普希金在风华正茂的少年时代为自己写墓志铭，虽带有戏谑意味，但诗言志，表达的正是诗人的抱负和对一生理想生活的期望：受文艺女神缪斯青睐写诗，与爱神相伴付出一生挚爱。普希金虽英年早逝，却留下了大量才华横溢的诗作和爱情佳话，诗人真的过上了自己想要的理想生活。

这首诗的抒情角度也很有意思，从第三人称"他"落笔，仿佛从旁观者角度来总结诗人一生，给诗作平添一分趣味。

英国诗人济慈生前也给自己写好了墓志铭："这里躺着一个人，他的名字写在水上。"西方有一句谚语：人生一世，就是把名字写在沙滩上，潮水一来，名字就被冲没了。而济慈要把名字写在水上，非常有诗意。

英国诗人莎士比亚的墓志铭："看在耶稣的分儿上，好朋友，切莫挖掘这黄土下的灵柩；让我安息者将得到上帝祝福，迁我尸骨者将受亡灵诅咒。"

美国女诗人艾米莉·狄金森，一生孤独，深居简出，她的墓碑上只刻着两个字：回话。

---

①缪斯：是希腊神话中主司艺术与科学的九位文艺女神的总称。缪斯女神常常出现在众神或英雄们的聚会上，轻歌曼舞，为聚会带来愉悦与欢乐。

皇村学校（1830）

皇村回忆

查良铮 译

沉郁的夜的帷幕
悬挂在轻睡的天穹；
山谷和丛林安息在无言的静穆里，
远远的树丛堕入雾中。
隐隐听到溪水，潺潺地流进了林荫，
轻轻呼吸的，是叶子上沉睡的微风；
而幽寂的月亮，像是庄严的天鹅
在银白的云朵间游泳。

瀑布像一串玻璃的珠帘
从嶙峋的山岩间流下，

在平静的湖中，仙女懒懒地泼溅着
那微微起伏的浪花；
在远处，一排雄伟的宫殿静静地
倚着一列圆拱，直伸到白云上。
岂不是在这里，世间的神祇自在逍遥？
这岂非俄国的敏诺娃①的庙堂？

这可不是北国的安乐乡，
那景色美丽的皇村花园？
是在这里，战败雄狮的俄罗斯的巨鹰②
回到恬静的怀里，永远安眠。
哦，我们黄金的时代一去而不复返了！
想那时，在我们伟大女皇的王笏下，
快乐的俄罗斯曾戴着荣誉的冠冕，
像在寂静中盛开的花！

在这里，俄国人踏着每一步
都能够引起往昔的回忆；
他只要环顾四周，就会叹息着说：
"一切已随着女皇逝去！"
于是满怀着忧思，坐在绿茵的岸上，
他默默无言地倾听着轻风的吹动。

---

①敏诺娃：又译密涅瓦。神话中主司智慧、学问和战争的女神。这里指叶卡捷琳娜
　二世，即凯瑟琳大帝。在俄国历史上，她与彼得大帝齐名，为俄国开拓了广阔的
　领土。
②俄罗斯的巨鹰：俄罗斯的国徽。雄狮是瑞典的国徽。

逝去的岁月会在他眼前一一掠过，
赞颂之情也浮上心中。

他会看见：在波涛当中，
在坚固的、铺满青苔的岩石上，
矗立着一个纪念碑①，上面蹲踞着
一只幼鹰，伸展着翅膀。
还有沉重的铁链和雷电的火箭
盘绕着雄伟的石柱，绕了三匝，
在柱脚周围，白色的浪头喧响飞溅，
然后在粼粼的泡沫里歇下。

还有一个朴素的纪念柱②
直立在松树的浓荫里。
卡古尔河岸啊，它对你是多大的羞辱！
我亲爱的祖国，荣誉归于你！
哦，俄罗斯的巨人，从战争的阴霾中
你们锻炼和成长，你们必然永生！
哦，凯瑟琳大帝的友人和亲信，
世世代代将把你们传颂。

噢，你战争轰鸣的时代，

---

① 纪念碑：指叶卡捷琳娜在皇村的湖中小岛上建造的圆柱形石碑，纪念 1770 年名将
奥尔洛夫在海上打败土耳其之战。
② 纪念柱：指叶卡捷琳娜为纪念名帅鲁缅采夫在卡古尔河畔打败土耳其而修建的纪
念碑。

俄罗斯的荣誉的证人！
你看见了奥尔洛夫、鲁缅采夫、苏瓦洛夫，
斯拉夫的雄赳赳的子孙，
怎样用宙斯的雷攫取了战场的胜利；
全世界都为他们的勇敢的业迹所震惊。
杰尔查文和彼得洛夫①在铿锵的竖琴上
曾经歌唱过这些英雄。

可是你去了，难忘的年代！
另一个时代很快降临；
它看见了新的战争，和战争的恐怖，
受苦竟成了人类的宿命。
恃强不驯的手举起了血腥的宝剑，
上面闪耀着帝王的狡猾和莽撞；
世界的灾星升起了——很快地燃烧了
另一场战争的可怕的红光。

在俄罗斯的广阔的田野
像急流，驰过了敌人的铁骑。
一片幽暗的草原躺在深沉的梦中，
土地缭绕着血的热气。
和平的村庄和城市腾起黑夜的火，
远远近近，天空披上了赤红的云裳，
茂密的森林掩遮着避难的人民，
锄头生了锈，躺在田野上。

---

①杰尔查文和彼得洛夫：二者均为俄国诗人，以写颂诗著称。

敌人冲撞着——毫无阻拦，

一切破坏了，一切化为灰烬。

别隆娜①的危殆的子孙化为幽灵，

只有结为空灵的大军。

他们或者不断落进幽暗的坟墓，

或者在森林里，在寂静的夜晚游荡……

但有人呐喊！……他们走向雾迷的远方！

听到盔甲和宝剑的声响！……

战栗吧，异国的铁骑！

俄罗斯的子孙开始行进；

无论老少，他们都起来向暴敌袭击，

复仇的火点燃了他们的心。

战栗吧，暴君！你的末日已经近了，

你将会看见：每一个士兵都是英雄；

他们不是取得胜利，就是战死沙场，

为了俄罗斯，为了庙堂的神圣。

英俊的马儿斗志勃勃，

山谷里撒满了士兵，

他们一排又一排，为了光荣和复仇，

义愤的火填满了心胸。

他们一齐向着可怕的筵席奔来，

刀剑要求虏获：战斗在山间轰响，

---

①别隆娜：罗马神话中的女战神。

在烟尘弥漫的空中，刀和箭铮鸣，
鲜血溅洒在盾牌上。

敌人败亡，俄罗斯胜利了！
傲慢的高卢人往回逃窜；
但是，天庭的主宰对这百战的枭雄
还恩赐了最后一线慰安。
我们皓首的将军还不能在这里
把他降服——噢，波罗金诺血染的战场！
你没有使那高卢人的狼子野心就范，
把他囚进克里姆林的城墙！……

莫斯科啊，亲爱的乡土！
在我生命的灿烂的黎明，
我在你怀里掷去了多少黄金的时刻，
不知道忧伤和不幸。
啊，你也曾面临我的祖国的仇敌，
鲜血染红了你，火焰也曾把你吞没，
而我却没有牺牲性命为你复仇，
只枉然充满愤怒的火！

莫斯科啊，栉比的高楼！
我祖国之花而今在哪里？
从前呈现在眼前的壮丽的都城
现在不过是一片荒墟；
莫斯科啊，你凄凉的景象使国人震惊！

沙皇和王侯的府邸都已毁灭，消失，
火焚了一切，烟熏暗了金色的圆顶，
富人的大厦也已倾圮。

请看那里，原来是安乐窝，
周围环绕着树木和亭园，
那里飘浮过桃金娘的清香，菩提树在摇摆，
现在却只是焦土一片。
在夏天的夜晚，那静谧美妙的时光，
再也没有笑闹的喧声飘过那里，
树林和岸边的灯火再也不灼灼地闪亮，
一切死了，一切都沉寂。

宽怀吧，俄罗斯的皇后城，
且看那入侵者的灭亡。
今天，造物主的复仇的右手已加在
他们的傲慢的颈项上。
看啊，敌人在逃窜，连回顾都不敢，
他们的血在雪上流个不停，有如涌泉；
逃啊，——却在暗夜里遇到饥饿和死亡，
俄罗斯的剑从后面追赶。

哦，你们终于被欧罗巴的
强大的民族吓得战栗，
高卢的强盗！你们也竟跌入坟墓。
噢，恐怖的、惊人的时期！

你到哪里去了，别隆娜和幸运的宠儿？
你曾经蔑视法理、信仰和真理之声，
你傲慢地想用宝剑推翻所有的皇位，
却终于消失了，像清晨的噩梦！

俄国人进了巴黎！那复仇的
火把呢？低头吧，高卢！
可是我看见了什么？俄国人和解地微笑，
以金色的橄榄作为礼物。
在遥远的地方，战争还在轰响，
莫斯科和北国的草原一样的阴沉，
但他带给敌人的，不是毁灭——是援救，
和使大地受益的和平。

啊，俄罗斯的灵感的歌手①，
你歌唱过浩荡的大军，
请在友人的围聚中，以一颗火热的心，
再弹起你的铿锵的金琴！
请再以你和谐的声音把英雄弹唱，
你高贵的琴弦会在人心里拨出火焰；
年轻的战士听着你的战斗的歌颂，
他们的心就沸腾，抖颤。

（1814）

这首诗是普希金的成名作，诗人当时十五岁。

---

①歌手：这里指杰尔查文。

　　一个文学家的成名作都有其不同凡响之处，他全身焕发的才情在一篇诗文中倾吐而出，如花之吐芬芳，叶之抽新芽，一举成名而天下知。如苏东坡二十岁时参加科举考试，写了一篇《刑赏忠厚之至论》，深得主考官欧阳修赏识，由此誉满天下。

　　普希金在皇村中学读书时，由初级班转入高级班要经过考试。这首诗是教师加利奇出的试题，要求学生当众朗诵自己的作品，有许多宾客来旁听，包括诗中提到的诗人杰尔查文。据说杰尔查文听普希金朗诵后，激动不已，认定普希金是自己的接班人。

　　这首诗颇有一种史诗气势，诗人自天空起笔，视角由上而下，渐次描写山谷、树林、溪流、瀑布、宫殿，然后集中到皇村花园，以此为切入点，以"过来人"的口吻，追忆俄国自女皇叶卡捷琳娜二世统治以来的辉煌历史：女皇重修皇村宫殿和花园的魄力，俄国战胜瑞典、打败土耳其的强盛，俄法战争中遭受的苦难及赶走拿破仑军队的骄傲，等等。

　　一个十五岁的中学生写出这样具有深厚历史感的诗，特别是诗中流淌的热烈的爱国情怀，对自由、和平的呼唤，以及天马行空的诗歌才华，确实令人惊叹。这首诗带给普希金人生第一次最重要的鼓励和荣誉，普希金也凭借这首诗跻身诗坛，走上诗歌创作的道路，最终成为"俄罗斯文学之父"。

　　值得一提的是，皇村位于圣彼得堡郊外，是沙皇和贵族的行宫所在地。沙皇在那里专门为贵族子弟开办了一所中学，即皇村中学。普希金十二岁入学，在此度过六年美好时光。普希金后来的诗作中多次写到皇村，这里是他性灵的归宿地，如同康桥之于徐志摩。

真　理

查良铮 译

自古以来，智人就在寻索
那被湮没的真理的遗痕，
他们很久地、很久地解说
前人们的古老的议论。
他们认为："赤裸的真理
秘密地藏在井泉深处。"
他们快慰地饮一杯清水，
就叫道："我会把真理找出！"

可是，突然有谁（仿佛是
老头儿西林^①）造福于人间，
他看出他们矜持的愚蠢，
清水和叫喊都使他厌倦；
于是，抛开了我们的猜谜，
他第一个想到了美酒，
他饮着，饮着，一滴不剩，
却看见真理在杯底里头。

（1816）

这首诗的灵感来源于一句古代谚语"真理在酒中"，以及一个古老的故事：一个天文学家在观看星象时跌入一口井中，说"真理在井中"。

这里的"真理"，是指纯粹理论认识上的真理，比较抽象，不易理解。

---

①西林：希腊神话中酒神的养父，是一个快乐的、喝得醉醺醺的老头儿，头戴着花儿，骑着驴到处游逛。

《真理》一诗最鲜明的特色，就是两节诗的前后对照，诗人是把现实中的井与水，同神话中的酒杯与酒进行对照，让智慧的老人们与希腊神话中最年老的森林之神西林，分别充当不同的生命主体，来探讨如何追寻真理。

理解这首诗的关键是神话人物西林。他是酒神的养父和老师，一个愉快的醉翁和智者。传说弥达斯国王在森林久久地寻猎西林，很久才抓到他，询问他：对人来说，什么是最好最妙的东西？逼迫之下，他一边笑一边说："可怜的浮生啊，无常与苦难之子，你为什么逼迫我说出你最好不要听到的话呢？那最好的东西是你根本得不到的，这就是不要降生，不要存在，成为虚无。不过对于你还有次好的东西——立刻就死。"德国哲学家尼采称此为智慧的"断言"。

如果这个智慧的"断言"与普希金诗中憨态可掬的醉翁联系在一起，就可以看出森林之神的兰存哲学，即以陶醉的酒神状态去战胜死亡的恐惧，肯定生命的自由与欢乐。这也正是普希金沉浸在美酒杯底的"真理"。这种"真理"与诗的第一节中"井底"的真理完全不同。在普希金看来，饮着"井水"的生命追求，感觉是平淡的、散文的，而畅饮"美酒"的生命追求是热情燃烧的，是诗的。

普希金所肯定的"真理"，显然是能够给人以自由，并且是伴随着美而显现的。

我曾经爱过你

戈宝权 译

我曾经爱过你：爱情，也许

在我的心灵里还没有完全消亡，

但愿它不会再打扰你，

我也不想再使你难过、悲伤。

我曾经默默无语、毫无指望地爱过你，

我既忍受着羞怯，又忍受着嫉妒的折磨，

我曾经那样真诚、那样温柔地爱过你，

但愿上帝保佑你，

另一个人也会像我一样地爱你。

（1829）

导读

　　这原是一首无题诗，是献给安娜·阿列克谢耶夫娜·奥列尼娜（1808—1888）的。奥列尼娜是彼得堡公共图书馆馆长、考古学家奥列宁的女儿，热情活泼，颇具魅力。奥列尼娜曾表白，普希金是"当时她所见到的最有趣的人"。1828年夏天，普希金很想和奥列尼娜结为夫妻，遭到了她父亲的拒绝。据奥列尼娜的孙女说：1833年，普希金在这首原来写在她的祖母纪念册上的诗的下边，用法文加了一句话："这是很久以前的事情了。"

　　这首诗生动地描绘了诗人对女主人公深沉、真挚的爱恋。他爱得如此温柔、专一，尽管那姑娘有可能并不知道，也可能姑娘早已另有所爱，诗人只能"默默无语、毫无指望地"爱着她，宁愿忍受羞怯和嫉妒的折磨，也不愿意去打扰她或使她悲伤，他还祈求上帝保佑她，"另一个人也会像我一样地爱你"。这最后一句尤其令人动容，这真诚的祝福突出了爱的无私和博大。

　　这是普希金最脍炙人口的诗篇之一。有许多痴情男女在失恋之后，或将这首诗抄写给往日恋人，或反复吟诵这首诗，舐着自己的伤口。

奥列尼娜画像，奥·基普连斯基绘（1828）

在这首诗写成的一个半世纪之后，1974 年，俄罗斯诗人布罗茨基写过一首同题诗：

我曾经爱过您。这爱情（也许，

就是痛苦）还在钻痛我的神经。

一切都已散成碎片飞去见鬼。

我试图射击，但玩枪可不

容易。还有，两个太阳穴，

该向哪一个开火？坏事的不是战抖，

而是沉思。见鬼！一切都是非人的！

我曾经爱您那样强烈那样无望，

上帝保佑别人爱您，——但上帝

不会！虽然他无所不能，但是

按巴门尼德①的学说，他不会再创造

血液中的炽热和宽大骨骼的脆裂，

不会让嘴巴上的铅封被触碰

嘴唇的渴望溶化！

（刘文飞 译）

布罗茨基的诗，无论是写法还是意识上都比普希金"现代"，但它仍是普希金诗的"翻版"。普希金的诗具有持久的生命力，与他的诗相比，现代人的感情少了些真诚，现代人的思想多了些悲观。

---

①巴门尼德：古希腊哲学家。

假如生活欺骗了你

戈宝权 译

假如生活欺骗了你，
不要悲伤，不要心急！
忧郁的日子里须要镇静：
相信吧，快乐的日子将会来临。

心儿永远向往着未来；
现在却常是忧郁：
一切都是瞬息，一切都将会过去；
而那过去了的，就会成为亲切的怀恋。

（1825）

 导读

　　这首诗也许是普希金诗作中最为人熟知的一首。中学课本选入的，也是戈宝权先生翻译的这个版本。

　　1825年普希金流放南俄敖德萨，同当地总督发生冲突后，被押送到他父亲的领地米哈伊洛夫斯克村幽禁。孤寂之中，除了读书、写作，邻近庄园奥西波娃一家也给诗人愁闷的生活带来了一片温馨和慰藉。这首诗就是为奥西波娃十五岁的女儿，也是诗人的女友叶甫勃拉克西亚·尼古拉耶夫娜（姬姬）所写的，题写在她的纪念册上。

　　这首诗没有刻画什么诗的形象，短短八句，都是劝告的口吻——按常理，这是诗歌创作要尽力避免的，这首诗却以说理而取得了巨大的成功，原因在于诗人以平等的语气娓娓道来，语调亲密和婉，热诚坦率，这是一个经历过人世沧桑的人对一个涉世未深的少女的深情叮嘱，蕴含着丰富的人情味和哲理意味。

　　这首"治愈系"诗的影响极大，许多人把它抄在笔记本上，成为激励自己前进的座右铭。在失意的时刻，读读这首诚挚的诗，会给人以希望和力量。

　　这里再附一个刘湛秋先生的译本，刘先生力图按照中国人的阅读习惯，把诗句译得合辙押韵，文白夹杂，别有一番典雅的趣味。

　　　　假如生活欺骗了你，

　　　　不要心焦，也不要烦恼，

　　　　阴郁的日子里要心平气和，

　　　　相信吧，那快乐的日子就会来到。

　　　　心儿会在未来变得活跃，

　　　　尽管现在那么无聊；

　　　　一切都如云烟，一切都会过去；

　　　　而那过去了的，却又使你感到美好。

尼古拉耶夫娜正面像，普希金画于 1826 年，画上没有留下任何字迹。

凯恩肖像

给 凯 恩

刘湛秋 译

我记得那美妙的瞬间：
你曾那样出现在我的面前，
有如一闪即逝的梦幻，
有如纯洁美丽的精灵。

在那绝望的忧伤的折磨中，
在那喧嚣的奔忙的烦恼中，
你温柔的声音久久响在我耳边，
夜梦中常出现你可爱的容颜。

年华消逝。那暴风雨的激情
已卷走了我旧日的幻想，
而我也已忘却你温柔的声音，
和你那美如天仙的倩影。

在穷乡僻壤，在阴暗的幽禁中，
我挨过了那些无声的岁月，
没有神明的启迪，没有灵感，
没有眼泪，没有生活，也没有爱情。

忽然你又出现了，
我死寂的魂灵顿时苏醒，你——
有如一闪即逝的梦幻，
有如纯洁美丽的精灵。

心儿啊又变得欢快激荡，
因为它里面一切又重新复活了，
有了神明的启迪，有了灵感，
有了生活，有了眼泪，也有了爱情。

（1825）

这首诗被誉为"爱情诗卓绝的典范"。

1819 年，普希金在彼得堡和凯恩相识，那时他二十岁，而十九岁的她却已是一位五十二岁将军的妻子。1824 年，普希金被幽禁在米哈伊洛夫斯克村。1825 年夏天，凯恩凑巧也来到诗人家乡，两人一起散步、交谈，度过了几天美好的时光。凯恩离开山村的那一天，普希金送了《叶

甫盖尼·奥涅金》的第二章给她，其中就夹了这首诗。

《给凯恩》写的是一种瞬间的爱的感受，以及长久的爱的回味。这种爱，往往是一见钟情式的，这种瞬间产生的爱，也许更接近爱的真谛。这首诗的美妙之处，就在于诗人把这种人人可能都曾有的感受，真切生动地抒发出来。

值得一提的，是诗中运用了复沓的手法。第一节的后两行和第五节的后两行，第四节的后两行和第六节的后两行，也是近乎逐字逐句的"重叠堆积"。诗句的复沓，仿佛是两个美妙瞬间的叠加，连续的复沓，造成一咏三叹的音韵效果，既体现了对美妙瞬间的深情回忆，也表达了对新的别离的难舍。

在这首诗中，普希金没有描绘凯恩外貌的美丽，而是突出了她的美给诗人带来的神奇的精神动力，这反而更让人想象凯恩的美不同凡俗。诗人把一个女子的形象高度理想化了："有如一闪即逝的梦幻，有如纯洁美丽的精灵。"她成为美的化身，成为诗人生命和灵感的源泉，使诗人抑郁、枯涩的心灵重新得到滋润与苏醒。

这首诗后来由作曲家格林卡谱曲，成为俄罗斯最有名的歌曲之一。

凯恩素描

自由颂

刘湛秋 译

滚开，从我眼前消逝吧，
西色拉岛上的软弱的女皇！①
你在哪儿，你在哪儿，帝王的雷霆，
自由的高傲的歌手？——
来吧，拽掉我的桂冠，
　打碎我柔弱的竖琴……
我要为全世界讴歌自由，
我要扫除王位上的丑行。

快给我指明那个至尊的那个辉煌的高卢人②
所留下的崇高的足迹，
是你，使他在光荣的困境中
唱出了勇敢的颂歌。
风云莫测的命运的宠儿，
世间的暴君，你们战栗吧！
而你们，被压榨的奴隶，
醒悟吧，振奋吧，抗争吧！

唉，无论我的目光投向何方，
到处是皮鞭，是铁铐，
横征暴敛，无法无天，
不自由的软弱的泪水；

---

①软弱的女皇：指罗马神话中的爱神和美神维纳斯，据说住在西色拉岛。
②高卢人：指法国18~19世纪初期的诗人勒布伦。

到处是不义的权力
在偏见的无边黑暗中
登上了宝座——这些奴役别人的
凶恶的天才和追名逐利的欲情。

只有越过沙皇的头顶，
人民才有可能免受苦难，
因为那儿神圣的自由
和强力的法紧密相连；
那儿坚强的盾保护所有的人，
那儿由公民的忠实的手举起利剑，
一视同仁，滑过公众的头顶，

秉公执法，大刀阔斧，
从高处打击那种种的罪恶；
他们的手没有丝毫的恐惧，
也不会被金钱所引诱收买。
掌权的人们！给你们乌纱帽和宝座的
是法，而不是苍天，
你们虽居于人民之上，
但法却永远地凌驾于你。

唉，如果不小心让法昏睡，
如果让皇帝，或者人民
能够随心所欲玩弄法，
那么，悲哀就会降临到这个民族！

我可以向你做证，
有一个因光荣的"错误"而殉难的人①
在不久前的一场风暴中
承担了祖先的过错，而被砍掉了君王的头。

在沉默的后代众目睽睽下
路易十六昂然地走向死亡。
他把自己的废黜了王冠的头
垂放在背信弃义者的血腥的刑台上。
法沉默了——人民沉默了，
罪恶的刀斧落下了……
于是，这可耻的王袍②
覆在戴枷锁的高卢人身上。

专制的魔王啊！
我憎恨你，憎恨你的王座，
我带着残忍的高兴
看着你，看你绝子绝孙。
人民会在你的额上
读到那些诅咒的刻印，
你是世界的魔鬼，大自然的耻辱，
你是大地上亵渎上帝的灾星。

当午夜的星星
闪烁在阴暗的涅瓦河上，

---

① 殉难的人：指路易十六，在法国大革命期间被处死。
② 可耻的王袍：喻指拿破仑的统治。

当无忧无虑的百姓
沉入昏昏的梦乡，
一个沉思的歌人却在凝视
在茫茫雾色中凛然沉睡的
一个暴君的荒凉的残迹，
一个被遗忘的废弃的宫殿①。

他听见在可怖的宫墙后
克里奥②正在严正的宣判，
他恍惚自己的眼前浮现出
卡里古拉③临终的情景，
他还看见，刽子手诡秘地走着，
佩着肩章和绶带，
被酒和凶残扭曲了身形，
满脸杀气，内心却胆怯。

不忠的卫士沉默不语，
吊桥在沉默中缓缓降落，
在漆黑的夜里，两扇宫门
被收买的内奸悄悄打开……
啊，可耻！啊，我们时代的灾祸！
土耳其近卫兵④像野兽般疯狂取乐！
不体面的进击开始了，

---

①废弃的宫殿：指米海洛夫斯基宫，俄国暴君巴维尔一世被杀于此。
②克里奥：古希腊神话中司历史和史诗的神。
③卡里古拉：公元1世纪的罗马皇帝，以残暴著称，被侍卫所杀。
④土耳其近卫兵：东方君主常以土耳其的步兵作为自己的近卫军，这种军队在宫廷
　政变中常起着不小的作用。

死掉了，那头戴王冠的恶徒！①

啊，沙皇，你们该懂得了：

不论是惩罚，还是嘉奖，

不论是囚牢，还是祭坛，

都不能做你们可靠的屏障。

请在坚如磐石的法的面前

低垂下你们尊贵的头，

相信吧，皇座前永恒的守卫——

就是人民的安宁和自由。

（1817）

这是一首充满战斗精神和昂扬激情的诗，也是普希金抒情诗的代表作。

1817年，普希金从皇村学校毕业后，出于对沙皇专制统治的厌恶和反抗，满腔激愤地写出了《自由颂》，号召"被压榨的奴隶"起来同沙皇专制统治做斗争。这在当时的俄国恰似雷霆万钧，冲破了满天的阴霾。诗人强调，只有当那强大的法理和神圣的自由牢牢结合，才能高举正义的利刃，扫除一切罪恶。诗人警告沙皇亚历山大要记取教训，不要重蹈罗马暴君卡里古拉、俄国暴君巴维尔一世的覆辙，只有人民得到了"安宁和自由"，才能保住他的皇位。

这首诗以一连串的祈使句式开篇，近于命令式的坚定果断，旗帜鲜明地表明了诗人歌颂自由、批判专制的战斗者的姿态，奠定了全诗高亢激昂的抒情基调。诗歌最后一节，是对沙皇的劝说，与开头相呼应，诗人的语气依然强硬，给沙皇敲响了警钟。

这首诗问世后以手抄本流行，沙皇政府也以此为主要罪名将普希金流放到南方，又幽禁在乡村长达六年之久，可见沙皇对这首诗传达的自由之声有多么害怕。可以说，《自由颂》展现了普希金诗歌创作向政治抒情诗的转变，也是诗人一生命运的转折。

---

①头戴王冠的恶徒：指巴维尔一世。

致恰达耶夫

戈宝权 译

爱情，希望，平静的光荣
并不能长久地把我们欺诳，
就是青春的欢乐，
也已经像梦，像朝雾一样消亡；
但我们的内心还燃烧着愿望，
在残暴的政权的重压之下，
我们正怀着焦急的心情
在倾听祖国的召唤。
我们忍受着期望的折磨，
等候那神圣的自由时光，
正像一个年轻的恋人
在等候那真诚的约会一样。
现在我们的内心还燃烧着自由之火，
现在我们为了荣誉献身的心还没有死亡，
我的朋友，我们要把我们心灵的
美好的激情，都呈现给我们的祖邦！
同志，相信吧：迷人的幸福的星辰①
就要上升，射出光芒，
俄罗斯要从睡梦中苏醒，
在专制暴政的废墟上，
将会写上我们姓名的字样！

（1818）

---

①幸福的星辰：十二月党人常用来象征革命的代词。

导读

　　有人称赞这首诗是"青年诗人对祖国、对革命的第一次爱的表白"，也是继《自由颂》之后普希金政治抒情诗的又一杰作。

　　恰达耶夫从中学时代起就是普希金的好友。他是一位贵族知识分子，反对沙皇暴政，对普希金形成热爱自由的思想有很深的影响。普希金曾给他写过好几首寄语诗，这首诗是其中的一首。在这首赠诗中，他极其鲜明地表达了俄国贵族革命家追求自由的热切希望、炽热的爱国激情和对神圣自由的必胜信念。这首赠诗的主题思想与《自由颂》基本相同，在这里诗人没有申述他的观点，而是以满腔的热情去感染读者。

　　注意诗歌开头四行，并不是一个成年人告别少年时代的一般感慨，而是表达了诗人对现实的不满，反映了一代进步青年的觉醒。在专制制度的压迫下，祖国处于黑暗中，人民没有自由，若要追求个人的幸福和前途，那不过是年少幼稚的幻想。

　　这首诗字里行间洋溢着青春朝气，抒情和昂扬的格调融成一体，虽然是写给友人的，但全诗的抒情主人公是"我们"，诗人表达的不只是个人的心声，也是向同时代人发出的召唤，具有很强的感染力。据说后来被流放到西伯利亚去的十二月党人身上大都藏着一个秘密徽章，上面刻着这首诗结尾那几行光辉的诗句。

十二月党人彼斯捷尔像

致 大 海

刘湛秋 译

别了，自由的元素！
这是最后一次在我面前
你翻滚蓝色的波涛，
和闪耀骄傲美丽的容颜。

好像朋友忧郁的絮语，
好像告别时刻的叮咛，
你沉郁的喧响，你呼唤的喧响，
在我，已是最后一次倾听。

你是我灵魂期望的归宿呀！
多少次啊，平静而茫然的我
踯躅在你的岸边，
为那珍贵的私愿①而愁绪万端。

我多么爱你的回音，
你悠远的声调，空谷的哀鸣，
还有你反复无常的咆哮，
和那黄昏时的宁静！

渔夫们柔顺的风帆，
受到你奇妙的保护，

---

①珍贵的私愿：指诗人一度曾想从敖德萨偷渡出海，逃避流放，但未能如愿。

勇敢地在峰峦间滑行，
但当你狂暴地汹涌时，
成群的船只又会轻易地丧生。

我永远无法留住
那寂寞而又不能行动的海岸，
也没有用狂喜来祝贺你，
也没有在你的浪尖上
投出我诗的敬礼！

你等待过，你呼唤过……而我
却被捆住，我的心徒然地挣扎，
那强力的热情迷住了我，
我又留在了你的岸边……

有什么可怜惜的？此刻我又去哪儿
寻觅那无牵无挂的路程？
在你的寥廓中只有一件东西
或许能击中我的灵魂。

那是一个峭岩，光荣的坟墓……
那里一个伟人的一生
沉没在冰冷的梦里，
那里陨落了拿破仑①。

---

①那里陨落了拿破仑：指拿破仑于 1821 年死于圣赫勒拿岛的囚室中。

他在苦难中安息了。
跟在他脚后的，像一阵骤雨狂风，
又一个天才①飞离了我们，
又一个我们灵魂的统治者消失了影踪。

就这样走了，为自由所哭泣的诗人！
他只给世间留下了自己的桂冠。
喧嚣吧，让坏天气搅动起你的恶浪吧，
啊，大海，他曾是你的歌者呀！

你的形象集中在他的身上，
你的精魂铸造了他的性格，
他像你一样：强大，深邃，沉郁，
他像你一样：任何力量不能使他驯服。

世界空虚了……啊，海洋，
你此刻要把我带向何方？
人们的命运到处都是一样：
无论是开明人士，还是暴君，
都会牢牢守住利益死死不放。

啊，别了，大海，我不会忘记
你那辉煌无比的美丽，
我会久久地久久地谛听
你在黄昏时发出的低鸣。

---

①又一个天才：指英国诗人拜伦，1824 年因病去世。

我的心里充满了你，

我要把你的峭岩，你的港湾，

还有闪光、阴影和波浪的絮语，

都带到森林，带到那沉默的荒原。

（1824）

 导读

这首诗气势豪放，意境雄浑，思想深沉，是普希金诗作中广为传诵的名篇。

1820 年，普希金年仅二十一岁就被沙皇放逐到敖德萨，后与敖德萨总督发生冲突，被押送到米哈伊洛夫斯克村。他在敖德萨长期与大海为伴，把奔腾的大海看作是自由的象征。当离开敖德萨向大海告别的时候，万千思绪如潮水般奔涌，忧郁而激愤的诗篇早已酝酿在胸中。普希金在敖德萨开始写作，到米哈伊洛夫斯克村最后完成了这首诗。

雨果曾说过，比大地宽阔的是大海，比大海更宽阔的是天空，比天空更宽阔的是人的心灵。《致大海》正是普希金借着向大海致敬，表达了诗人更宽广的精神追求。

在这首诗中，诗人将大海人格化、以面对面、直呼"你"的方式倾诉离别之情。渴望自由的诗人与作为自由元素的大海，就像是精神上相通的朋友。诗人还由眼前的大海，联想到欧洲历史上两位自由主义英雄：拿破仑和拜伦，表达了自己对自由精神的继承，增加了这首政治抒情诗的历史感和丰富性。

秘鲁诗人聂鲁达读过《致大海》后称："从那时起，凡是在海岸上徘徊的人，在那浅浅的小船和空旷的黄沙之间，借着心、目光和耳朵他会听到，普希金诗句像金屑那样洋洋洒洒。"

圣 母

戈宝权 译

我从不想用许多古老巨匠的名画

来装饰我自己的家，

好让来访者因为它们迷信般地感到惊讶，

还听取鉴赏家们那一本正经的评价。

在我朴素的一角，当我在缓慢工作时，

我只想永远看着一幅名画，

就只有这一幅名画：最圣洁的圣母和我们神圣的救
　世主，

他们从画布上，好像从云端里望着我——

她端庄美丽，他的两眼闪耀着理智的火光——

他们那样和蔼，周身笼罩着荣誉和光辉，

他们站在锡安①的棕榈树下，并没有天使的陪伴。

我的愿望终于实现啦。是创世主把你赐给了我：

你是最纯洁之美的最纯洁形象，

你啊，就是我的圣母。

（1830）

　　1828 年，普希金又因两首诗受审，他请求出国，未被准许，连续的
挫折和打击让普希金开始厌倦没有家的单身汉的生活。12 月，在莫斯科
的一次舞会上他第一次见到了自己未来的妻子——娜塔丽娅·冈察洛娃，
当时她刚满十六岁，是她第一次在上层社会的舞会上露面。娜塔丽娅的
美当即就使普希金倾倒。当朋友介绍他俩认识时，普希金心中默默说：
"从今，我的命运决定下来了。"1830 年 4 月，普希金第二次向冈察洛

---

①锡安：又译作郇山，是耶路撒冷的一处圣山。

娃求婚被接受了。1830 年 7 月，因瘟疫被困在波尔金诺的普希金为冈察洛娃写下了这首爱情诗。

普希金在写给妻子的信中说："让我感到安慰的，就是一连几小时站在黄金头发的圣母像前，她那样同你相像，就好像是两滴水一样。"

这首《圣母》中普希金把冈察洛娃比作圣母，情感神圣又虔诚，体现了他对冈察洛娃的珍爱。尤其最后四句："我的愿望终于实现啦。是创世主把你赐给了我：/你是最纯洁之美的最纯洁形象，/你啊，就是我的圣母。"诗人的感情表达，坦率纯真，充满感恩和敬意。诗歌的感情才是诗歌最高的灵魂，普希金对冈察洛娃的爱，构成了这首诗最富诗意的艺术效果。

1831 年 2 月 18 日，十九岁的娜塔利娅·冈察洛娃与普希金结婚，改姓普希金娜。这是她与普希金结婚满几个月时画的正规肖像。画者是著名画家亚历山大·勃留洛夫。

冬天的道路

刘湛秋 译

穿过波动的云层，
月亮探出了脸眉，
在凄苦的草地上，
它凄苦地泻下光辉。

沿着寂寞的道路，
狗拉的三套车在飞奔，
单调的铃声叮叮响，
疲惫而又沉重。

车夫的歌声缓慢又冗长，
听得到亲切的乡音在跳荡：
半是大胆的欢乐，
半是心灵的忧伤……

没有灯火，没有家……
一片旷野和雪花……
只有车辙跟着我，
孤苦伶仃到天涯。

寂寞又苦恼……林娜，赶明早
明早我就回到你身边了，
我要在暖炉旁纵情昏睡，
还要把你看个尽饱。

挂钟的指针带着响声，

走过一圈又一圈，

我们消磨光阴，

相伴到夜色阑珊。

苦闷呀，林娜：我的路多单调，

我的车夫只好打盹儿睡觉，

那铃声千篇一律地响，

浓雾模糊了月亮的容貌。

（1826）

　　1826 年 12 月，普希金在普斯科夫至莫斯科的旅行中写下了这首诗。

　　这是一趟寂寞、忧愁的旅程。在诗的开头，也是旅途的开头，还有"月亮探出了脸眉"和"车夫的歌声缓慢又冗长"，而到后来，"我的车夫只好打盹儿睡觉""浓雾模糊了月亮的容貌"。

　　这首诗的旋律如同俄罗斯民歌《三套车》那忧伤的旋律：冬天的夜晚，在广阔的雪原上，一辆三套车在孤独地奔驰，这是一幅典型的俄罗斯画面。时而豪迈、时而悲伤歌唱的车夫，在空旷原野中品味着寂寞的乘客，这都是典型的俄罗斯式忧伤。

　　诗人在诗中两次感叹，"寂寞又苦恼……""苦闷呀……我的路多单调"。要注意，正是在这两次感叹的旁边，出现了一个名字：林娜。她是什么人，虽一直不为人所知，却是普希金心中亲爱的人，她的出现，才是这首诗灵感的起源，才能对普希金这趟旅程有新的认识：寂寞与苦恼，并不完全是由于凄凉的月光、寂寞的冬天的道路、单调的车铃、不见灯火的一片白雪和旷野等，而是由于回到亲爱的人身旁的路是如此漫长，由于别离和思念。与此时此刻形成对比的是"明早"，在这寂寞、忧愁的旅程之后，将是暖炉旁的相见和凝视。这样，日后的相见，既反衬出了这次旅程的孤寂，同时又为这次旅程设置了一个温暖的想象的终点，这个构思有点像李商隐的《夜雨寄北》："何当共剪西窗烛，却话巴山夜雨时。"

夜莺和玫瑰

刘湛秋 译

春天，在花园的静谧中，在黑夜的雾霭里，

有只东方的夜莺对着玫瑰歌唱。

但娇媚的玫瑰毫无感觉，不听也不看，

却在这爱的催眠曲下摇摆着进入梦乡。

你是不是也这样歌唱过，对冷若冰霜的美人？

该清醒啦，你还有什么向往？

她根本不听，也感觉不到诗人的存在，

你瞧，她艳如桃李，你喊她——却没有回响！

（1827）

这首诗写的是令人悲伤的单恋，诗人就像热情的火把，而对方却是冷美人一个，不声不响。

诗歌一开头，很像《诗经》中的比兴，夜莺对玫瑰的歌唱，引出了诗人歌唱。整首诗可用一句话概括，即诗人如夜莺一般歌唱，而玫瑰如黑夜一般沉寂。这样，夜莺与玫瑰，诗人与冷美人，四者交织，形成了一种奇妙的呼应关系。

诗中出现"诗人"的歌唱，从另一角度，也可理解为诗人对诗歌女神缪斯的歌唱，即诗人在创作中常遇到灵感枯竭的时候，这首诗表达的正是这种情境下诗人的沮丧心情。这首诗译本较多，再读读下面这个。

春天的花园，寂静中笼罩着一片夜色，

有一只东方的夜莺在对着玫瑰唱歌。

但可爱的玫瑰既不动情，也不理会，

只在热恋的赞歌中摇晃着昏昏欲睡。

你不也是这样给冰冷的美人来唱歌？

醒醒吧，诗人，你所追求的是什么？

她不要听，也不为一个诗人而动情；

你瞧她千娇百媚；你呼唤，她不回声。

缪 斯

刘湛秋 译

我年轻时很受缪斯喜爱，
她给了我一支七管的芦笛。
她带着微笑谛听我的吹奏——
我轻轻地按着芦笛的音孔，
已会用柔弱的音响吹出
那些受上帝启示的庄严颂歌，
和弗里基①牧人的平和的谣曲。
从清晨到黄昏，我徜徉于橡树静谧的绿荫，
勤奋地学习这位神秘少女所授的课程。
她偶尔也用奖励使我高兴，
这时她把可爱的长发往后一掠，
亲自从我手中接过这支芦笛。
于是芦孔因有了神的气息而复活，
并发出圣洁的幻音，使我心灵沉醉。

（1821）

缪斯是古希腊神话中主司文艺的女神，通常被诗人当作激发灵感的神灵。被缪斯青睐的诗人，才会写出美妙动人的诗篇。

这首诗中，普希金抒写了自己对缪斯的深情赞美。在诗人笔下，有一个细节把女神写得温柔动人，"这时她把可爱的长发往后一掠，／亲自从我手中接过这支芦笛"，这个往后掠发的动作，衬托出女神的美丽、温婉。

缪斯吹响了芦笛，诗人写下了诗篇。这二者是巧妙地融为一体的。

---

①弗里基：位于古代小亚细亚西北部。

我的名字对你算得了什么……

刘湛秋 译

我的名字对你算得了什么？
它会死去，像凄苦的波浪
空拍着遥远的海岸，
像密林中夜的悲响。

在纪念册的素笺上
它只会留下死的痕迹，
像墓碑上题签的花纹，
没有人能弄懂它的意义。

它算得了什么？在新的情欲
和陶醉中早已被忘却，
它不再给你的心带去
任何纯真和温柔的慰藉。

可是，在你悲哀的时分，
寂静中请把我的名字轻吟，
说一声吧：在这世上有一个对我的记忆，
在这人间有一颗我活在其中的心！

（1830）

这首诗是写在卡罗琳娜·索班斯卡娅的纪念册上的。索班斯卡娅是一位美丽绝伦的波兰女子，端庄，雅静，犹如一尊高傲的塑像。普希金于 1821 年 2 月在基辅与她相识，并一度追求过她。

41

这是一首情诗，但诗人抒情的角度很巧妙，从"我的名字对你算得了什么"写起。从前三节来看，诗人的感情并没有得到回应，诗人觉得在对方眼里，"我的名字"没有什么意义，无足轻重。但在第四节，诗人写出了深情的盼望，即"在你悲哀的时分"，通过"把我的名字轻吟"来感受世间还有一个人的爱始终在陪伴。修辞立其诚，这首诗情感的真挚，在最后两行淋漓尽致地表达出来。

一个人的名字只有在爱人那里，才会有别样的意义。如同电影《山楂树之恋》里，老三爱静秋的名字，他这样说："就算我一只脚已经踏进坟墓，只要听见'静秋'两个字，一定会把腿拔回来再看看你。"

维维延画的普希金（铅笔画）

你 和 您

冯春 译

她无意中失言，把空泛的您
说成了亲热而随便的你，
于是在我钟情的心中
唤起了种种蜜韵情思。
我若有所思地站在她面前，
目不转睛地把她凝视；
我对她说："您多么可爱！"
心里却在说："我多么爱你！"

（1828）

 导读

这首诗和那首《我曾经爱过你》一样，是写给安娜·奥列尼娜的。

1828 年，普希金爱上奥列尼娜，并向她求过婚，但后来自动撤销。奥列尼娜在日记中谈到这首诗时曾说："安娜·阿列克谢耶夫娜·奥列尼娜失言，称普希金为你，在下一个礼拜天，他即送来此诗。"

在俄国社交礼仪中，"你"常用于亲朋好友之间，意味着关系比较亲密；"您"则常用于陌生人或不太熟悉的人之间，表示关系比较疏远。

这首诗中，诗人把她无意的失言，转化为一个抒情的动机，由"您"和"你"的称谓含义，在诗人炽热的心里，想象出一个热烈的抒情画面，即诗人面对心上人，虽嘴上说"您多么可爱"，心里大声说的却是"我多么爱你！"

从献诗的对象来说，诗人其实盼望奥列尼娜的失言，表明她也是同诗人一样爱着对方。

普希金还有一首《你和我》，也是从称谓对比写起，讽刺辛辣又风趣十足。

你富豪，而我则赤贫；

43

你毫无风趣，我是诗人；
你红光满面，像是罂粟，
我像死人似的苍白，消瘦。
你这一辈子不用忧愁，
你住的是大楼和华屋；
我呢，整天苦恼和奔走，
天天在一根草上残喘。
你每天吃着美味珍馐，
自在逍遥地痛饮着酒，
你往往懒得向自然
把你应付的债偿还；
我呢，啃完一块干硬面包，
再加淡而无味的生水，
就得为了明显的需要，
从顶楼向百丈以外奔跑。
你被成群的奴仆包围，
你的眼神有暴政的光，
你使用精细的白棉布
揩你那肥大的屁股；
但我呀，不能像小孩子
那样娇惯我罪孽的洞，
赫瓦斯托夫僵硬的颂诗
尽管皱着眉头，也得使用。

一朵小花

刘湛秋 译

我看见一朵夹在书里被遗忘的小花，
它早已枯萎，失去芳香，
顿时我的心底充满了
一个奇异的幻想。

它开在哪儿？什么时候？哪一个春天？
它开得很久吗？是谁把它摘下，
是熟人还是生人的手？
又为何把它放在书里轻压？

是纪念一次柔情的相逢，
还是为了伤心的离别？
或者只是孤独中漫步随意采摘，
在密林里，在静静的田野？

那个他或她，还活着吗？
此刻何处是他们的家？
或者他们早已谢世，
像这朵无人知晓的小花？

（1828）

 导读

　　在一本书中，诗人发现了一朵枯萎的、失掉了芳香的小花，面对这朵被遗忘的花，诗人的心中浮起了一连串疑问：这花于何时开在何处？是何人为何将它采下？采花人如今又在哪里？

　　这联翩的浮想，由一句接一句简洁明了的提问来加以体现。而一连串的提问构成了这首诗。这样的一朵花，是会被常人所忽略的；而在诗人的眼中，它却成了一件想象的关联物。诗人体味生活的敏锐，诗人面对万物的温情，由此可见一斑。

这是普希金最早的自画像之一，画在一张单页纸上，没有注明作画日期。据俄罗斯普希金学专家们推测，可能画于 1817 年左右，是为他准备出版的第一本诗集而设计的封面或扉页。

给一位画家

查良铮 译

啊，美神和灵感之子，
请趁着火热心灵的氤氲，
以你多姿而潇洒的画笔
描绘出我心上的友人：

绘出那妩媚的纯真之美，
和希望的姣好的姿容，
还有圣洁的喜悦的微笑
和美之精灵的眼睛。

环绕希比①的颀长的腰身
请系住维纳斯的腰带，
请将阿尔般②隐秘的珍宝
给我的公主周身佩戴。

请以薄纱的透明的波浪
遮上她那颤动的胸膛，
好让她暗暗地叹息，
她不愿意将心事透露。

请绘出羞怯的爱情之梦，
然后，充满了梦魂之思，

---

①希比：主宰青春的女神。
②阿尔般：罗马北方的一座火山。

我将以幸福的恋人的手
在下面签写我的名字。

（1815）

　　这首诗是普希金写给同学伊里切夫斯基的，他在皇村中学号称画家。普希金请他画的是巴库宁娜的肖像。巴库宁娜是普希金一个同学的妹妹，美丽聪慧，有一双迷人的眼睛，相识后，普希金一下子坠入情网，称她是"我的心上人""倾慕的少女""公主"。但两人的感情交往很短暂。1815~1819年间，普希金前前后后为巴库宁娜写了不下二十首爱情诗，被称为"巴库宁娜组诗"。

　　这首诗虽是写给画家的，表面上看赞扬画家的技艺，实则是赞美心上人的美，抒发自己对巴库尼娜的爱慕之情。全诗从开篇的请求，到最后在画像上"签写我的名字"，仿佛是在创作一幅画，结构完整，富有艺术魅力。画家的画笔，与诗人的诗笔，仿佛也融为一体，都在赞美同一个人。

　　普希金写这首诗时年仅十六岁，所表达的是一种犹如水晶般透明的、单纯的爱恋，带着古希腊式的对美的执着追求，以及爱琴海边洋溢着泡沫的葡萄酒一般蓬勃的朝气。尽管这种爱的表达有时近于单调和露骨，颇有些一眼望穿的幼稚冲动，却是真挚动人的。

　　普希金的一个同学为这首诗谱了曲，在皇村中学传唱一时。

生命的驿车

刘湛秋 译

生命的驿车即使负载很重，
它也在轻快地行进；
灰色的时间是剽悍的车夫，
在座位上一直吆喝不停。

我们从清晨就搭上这辆驿车，
我们兴奋得不知如何是好；
我们蔑视闲散和懒惰，
总是在喊：马儿，快跑……

可到中午已没那股劲儿；
我们苦于颠簸了；山坡和峡谷
越来越使我们感到害怕；
我们喊了：慢一点儿，蠢货！

生命的驿车还照样行进，
到黄昏我们已完全习惯，
我们能在昏睡中过夜——
时间仍赶着马儿奔忙。

（1823）

 导读

　　这首诗写于普希金被派到俄国南部任职期间，这实质上是一次变相的流放。诗中描绘了这样一幅画面：一位剽悍的车夫，赶着一辆满载旅客与货物的驿车，在路上飞驰。那位车夫是时间，而车上坐着的，则是

"我们"，有你，有我，也有他。

"生年不满百，常怀千岁忧。"人生苦短，历来是诗人反复吟咏的主题。"对酒当歌，人生几何？譬如朝露，去日苦多"，这是一代雄主曹操抒发的情怀。"君不见高堂明镜悲白发，朝如青丝暮成雪。"这是诗仙李白的感慨。而在普希金笔下，他把时间描绘成一个车夫，别有一番趣味。

这首诗以"驿车"作为中心意象，寓意生命。剽悍的车夫性情急躁，他一刻也不离开驾驭驿车的座位，而诗人和他心目中的读者都是这辆驿车上的乘客。同时，这首诗也将人生的不同阶段高度概括为早晨、中午和夜晚，并通过不同时段乘客的心理特点或表现变化，由清晨的"兴奋"到中午的"已没那股劲儿"直至黄昏的"完全习惯"——生命是一次旅行，一次途中没有驿站的旅行，不会因任何原因而停下。

这首诗也体现了普希金抒情诗一贯的语言特色：自然朴素，寓诗情于平凡之中。他的诗有的像说话，有的像随笔涂抹，有的像即兴速写，诗味十足。比如，我们"总是在喊：马儿，快跑……""慢一点儿，蠢货"，看似随性，口语化，却很耐人寻味。

万科维奇画的普希金

迟开的花朵更可爱……

刘湛秋 译

迟开的花朵更可爱，

美过田野上初绽的蓓蕾。

它们勾起愁绪万千，

使我们的心辗转低回。

正像有时难舍难分的离别，

比甜蜜的相逢更叫人心醉。

（1825）

这首诗是比较典型的比兴之作，由迟开的花朵引起诗人的感兴，最后归于"难舍难分的离别"，突出了诗人不同于常人的感受，即诗人觉得离别比相逢"更叫人心醉"。这是这首诗旨趣的新颖之处，更显出诗人的一往情深。

也有写迟开的花的诗，如唐末农民起义领袖黄巢的《不第后赋菊》："待到秋来九月八，我花开后百花杀。冲天香阵透长安，满城尽带黄金甲。"读来虽有豪气，却有一种令人不安的肃杀之气。

暴风雨

刘湛秋 译

你可曾见过峭岩上

凌于涛头的白衣少女，

当暴风雨在狂啸，卷起水雾，

大海戏谑地冲击着岸边，

当闪电发出橘红的光，

不断照亮她整个的身躯，

当狂风敲击着，飞驰着，

扬起了她那轻飘的纱裙。

啊，你暴风雨中的烟海，

在电闪中失去蔚蓝的天空，是美丽的；

但让我相信吧：这峭岩上的少女，

比波浪、天空和暴风雨更加美丽！

（1825）

这首诗描绘的仿佛是一幅色彩鲜明的油画，是典型的"诗中有画"那一类画面感极强的诗。

这首诗以问句起首，也给读者留下悬念：悬崖边，惊涛拍岸，白衣少女站在岩石上。这一场景令人印象深刻。接下来，诗人着力描绘暴风雨的狂虐，大海上电闪雷鸣，但这一切都只是陪衬，都是绿叶，只为突出万绿丛中的一点红，即那个站在岩石上的姑娘的美。

强烈的对比，暴风雨的狂暴与白衣少女的柔美，两者反差强烈，却营造出别样的艺术想象空间。

纪 念 碑

刘湛秋 译

我给自己建立了一座非手造的纪念碑，
在人们走向它的路上，再没有杂草丛生，
它高昂起不屈的头颅
盖过亚历山大纪念碑①的尖顶。

不，整个的我不会死亡——灵魂在圣洁的诗中
将逃离腐朽，超越我的骨灰而永存——
我会得到光荣，即使在这月光的世界上，
到那时只留住一个诗人。

我的名声将传遍整个俄罗斯，
它现存的各种语言，都会说出我的姓名，
无论是斯拉夫的子孙，是芬兰人，
是至今野蛮的通古斯人，还是卡尔美克人
——那草原上的雄鹰。

我将永远被人民所喜爱，
因为我的诗的竖琴唤起了那善良的感情，
因为我在残酷的时代歌颂过自由，
并给那些倒下的人召唤过恩幸。

啊，缪斯，听从上帝的旨意吧，

---

①亚历山大纪念碑：1832 年建于彼得堡的冬宫广场，高二十七米，至今犹存。普希
金因不愿参与该碑于 1834 年 11 月举行的揭幕典礼而提前离开了彼得堡。

不要怕受辱，也不要祈求桂冠簪缨，

毁誉都一样平心静气地去领受，

也不和那些蠢人无谓地论争。

（1836）

普希金认为诗人应该像先知一样，"要走遍陆地和海洋，用语言去把人们的心灵照亮"。他去世前半年写的《纪念碑》，成为他一生诗歌创作的总结和遗嘱：他预言"我的名声将传遍整个俄罗斯""我将永远被人民所喜爱，／因为我的诗的竖琴唤起了那善良的感情，／因为我在残酷的时代歌颂过自由"。

这首诗以直接抒情为主，表现诗人对献身诗歌艺术和崇高理想的思考。诗人敢于蔑视残暴的统治者，表现了执着追求理想，为真理、为正义、为人民而讴歌的大无畏精神。因此，这"高昂起不屈的头颅"的纪念碑，就是诗人用自己的理想、生命和诗篇共同凝铸的丰碑。

回顾普希金一生的诗歌创作，特别是他的抒情诗，歌颂理想，赞美自由，抨击农奴制度，同情劳动人民，在当时产生了极大的反响。诗人短暂的一生和他辉煌的诗歌创作，确实高高树立起一座俄罗斯诗歌的不朽丰碑。

第二部分　童话诗

渔夫和金鱼的故事

梦海 冯春 译

从前有个老头儿和他的老太婆
住在蓝色的大海边；
他们住在一所破旧的泥棚里，
整整有三十又三年。
老头儿撒网打鱼，
老太婆纺纱绩线。

有一次老头儿向大海撒下渔网，
拖上来的只是些水藻。
接着他又撒了一网，
拖上来的是一些海草。
第三次他撒下渔网，
却网到一条鱼儿，
不是一条平常的鱼——是条金鱼。
金鱼竟苦苦哀求起来！
她跟人一样开口讲：
"放了我吧，老爷爷，
把我放回海里去吧，
我给你贵重的报酬：
为了赎身，你要什么我都依。"

老头儿吃了一惊，
心里有点儿害怕：
他打鱼打了三十三年，

从来没有听说过鱼会讲话。

他把金鱼放回大海，
还对她说了几句亲切的话：
"金鱼，上帝保佑！
我不要你的报偿，
你游到蓝蓝的大海去吧，
在那里自由自在地游吧。"

老头儿回到老太婆跟前，
告诉她这桩天大的奇事。
"今天我网到一条鱼，
不是平常的鱼，是条金鱼；
这条金鱼会跟我们人一样讲话。
她求我把她放回蓝蓝的大海，
愿用最值钱的东西来赎她自己：
为了赎得自由，我要什么她都依。
我不敢要她的报酬，
就这样把她放回蓝蓝的海里。"

老太婆指着老头儿就骂：
"你这傻瓜，真是个老糊涂！
不敢拿金鱼的报酬！
哪怕要只木盆也好，
我们那只已经破得不成样啦。"

于是老头儿走向蓝色的大海，
看到大海微微起着波澜。
老头儿就对金鱼叫唤，
金鱼向他游过来问道：
"你要什么呀，老爷爷？"
老头儿向她行个礼回答：
"行行好吧，鱼娘娘，
我的老太婆把我大骂一顿，
不让我这老头儿安宁。
她要一只新的木盆，
我们那只已经破得不能再用。"
金鱼回答说：
"别难受，去吧，上帝保佑你。
你们马上会有一只新木盆。"

老头儿回到老太婆那儿，
老太婆果然有了一只新木盆。
老太婆却骂得更厉害：
"你这傻瓜，
真是个老糊涂！
真是个老笨蛋，
你只要了只木盆。
木盆能值几个钱？
滚回去，老笨蛋，
再到金鱼那儿去，
对她行个礼，向她要座木房子。"

于是老头儿又走向蓝色的大海
（蔚蓝的大海翻动起来）。
老头儿就对金鱼叫唤，
金鱼向他游过来问道：
"你要什么呀，老爷爷？"
老头儿向她行个礼回答：
"行行好吧，鱼娘娘！
老太婆把我骂得更厉害，
她不让我这老头儿安宁，
唠叨不休的老婆娘要一座木房。"
金鱼回答说：
"别难受，去吧，上帝保佑你。
就这样吧：你们就会有一座木房。"

老头儿走向自己的泥棚，
泥棚已变得无影无踪；
他前面是座有敞亮房间的木房，
有砖砌的白色烟囱，
还有橡木板的大门，
老太婆坐在窗口下，
指着丈夫破口大骂：
"你这傻瓜，十足的老糊涂！
老浑蛋，你只要了座木房！
快滚，去向金鱼行个礼说：
我不愿再做低贱的庄稼婆，

我要做世袭的贵妇人。"

老头儿走向蓝色的大海
（蔚蓝的大海骚动起来）。
老头儿又对金鱼叫唤，
金鱼向他游过来问道：
"你要什么呀，老爷爷？"
老头儿向她行个礼回答：
"行行好吧，鱼娘娘！
老太婆的脾气发得更大，
她不让我这老头儿安宁。
她已经不愿意做庄稼婆，
她要做个世袭的贵妇人。"
金鱼回答说：
"别难受，去吧，上帝保佑你。"

老头儿回到老太婆那儿。
他看到什么呀？
一座高大的楼房。
他的老太婆站在台阶上，
穿着名贵的黑貂皮坎肩，
头上戴着锦绣的头饰，
脖子上围满珍珠，
两手戴着嵌宝石的金戒指，
脚上穿了双红皮靴子。
勤劳的奴仆们在她面前站着，

她鞭打他们，揪他们的头发。

老头儿对他的老太婆说：
"您好，高贵的夫人！
想来，这回您的心总该满足了吧。"
老太婆对他大声呵斥，
派他到马棚里去干活儿。

过了一星期，又过一星期，
老太婆胡闹得更厉害，
她又打发老头儿到金鱼那儿去。
"给我滚，去对金鱼行个礼，
说我不愿再做贵妇人，
我要做自由自在的女皇。"
老头儿吓了一跳，恳求说：
"怎么啦，婆娘，你吃了疯药？
你连走路、说话也不像样！
你会惹得全国人笑话。"
老太婆愈加冒火，
她刮了丈夫一记耳光。
"乡巴佬儿，你敢跟我顶嘴，
跟我这世袭贵妇人争吵？
——快滚到海边去，
老实对你说，
你不去，也得押你去。"

老头儿走向海边
（蔚蓝的大海变得阴沉昏暗）。
他又对金鱼叫唤，金鱼向他游过来问道：
"你要什么呀，老爷爷？"
老头儿向她行个礼回答：
"行行好吧，鱼娘娘，
我的老太婆又在大吵大嚷：
她不愿再做贵妇人，
她要做自由自在的女皇。"
金鱼回答说：
"别难受，去吧，上帝保佑你。
好吧，老太婆就会做上女皇！"

老头儿回到老太婆那里。
怎么，他面前竟是皇家的宫殿，
他的老太婆当了女皇，
正坐在桌边用膳，
大臣贵族侍候她，
给她斟上外国运来的美酒。
她吃着花式的糕点，
周围站着威风凛凛的卫士，
肩上都扛着锋利的斧头。

老头儿一看——吓了一跳！
连忙对老太婆行礼叩头，
说道："您好，威严的女皇！

假如 生活 欺骗了你

好啦，这回您的心总该满足了吧。"
老太婆瞧都不瞧他一眼，
吩咐把他赶跑。
大臣贵族一齐奔过来，
抓住老头儿的脖子往外推。
到了门口，卫士们赶来，
差点儿用利斧把老头儿砍倒。
人们都嘲笑他：
"老糊涂，真是活该！
这是给你点儿教训：
往后你得安守本分！"

过了一星期，又过一星期，
老太婆胡闹得更加不成话。
她派了朝臣去找她的丈夫，
他们找到了老头儿把他押来。
老太婆对老头儿说：
"滚回去，去对金鱼行个礼。
我不愿再做自由自在的女皇，
我要做海上的女霸王，
让我生活在海洋上，
叫金鱼来侍候我，听我随便使唤。"

老头儿不敢顶嘴，
也不敢开口违拗。
于是他跑到蔚蓝色的海边，

看到海上起了昏暗的风暴：
怒涛汹涌澎湃，
不住地奔腾，喧嚷，怒吼。

老头儿对金鱼叫唤，
金鱼向他游过来问道：
"你要什么呀，老爷爷？"
老头儿向她行个礼回答：
"行行好吧，鱼娘娘！
我把这该死的老太婆怎么办？
她已经不愿再做女皇了，
她要做海上的女霸王；
这样，她好生活在汪洋大海，
叫你亲自去侍候她，听她随便使唤。"

金鱼一句话也不说，
只是尾巴在水里一划，
游到深深的大海里去了。
老头儿在海边久久地等待回答，
可是没有等到，
他只得回去见老太婆——
一看：他前面依旧是那间破泥棚，
她的老太婆坐在门槛上，
她前面还是那只破木盆。

（1833）

　　《渔夫和金鱼的故事》也许是普希金童话诗中流传最广的一首。故事

的素材取自民间故事,《格林童话》中也有类似的故事。

故事中的老太婆总是不满足,向金鱼提出了一个又一个的要求。老太婆无休无止的要求变成了贪婪,从最初的清苦,继而拥有辉煌与繁华,最终又回到从前的贫穷。故事的寓意也很明显,即过度贪婪的结果必定是一无所获。

故事虽然简单,但在普希金笔下,不同于一般听故事的那种感受,在诗句的跳跃中,叙事诗的旋律和节奏渲染了一个诗意浓郁的氛围,引人入胜。

诗中还描绘了大海五次的不同反应,即从微微泛起波澜到海水变浑浊,从海水变得汹涌到海水变得阴暗,再到大海掀起黑色大浪,汹涌澎湃,这种变化很有诗的趣味,既使诗的叙事节奏更加鲜明,又渲染了故事情节不断推进的氛围,使诗歌的表现力更加丰富。

金鸡的故事

任溶溶 译

很远很远有个地方，
那地方有一个国邦。
国王达顿谁个不晓，
从年轻时起就霸道。
他经常去欺负邻邦，
像是家常便饭一样。
可他如今年纪老，
只想不再动兵刀。
他想过过太平日子，
无奈邻邦不断生事，
给他这位老国王，
带来可怕的灾殃。
为了能把边疆保住，
不让邻邦侵略国土，
他得养着一支兵，
人数少了还不行，
将军们都没打瞌睡，
可怎样也措手不及：
以为南边来了敌人，
却从东边来入侵，
陆地守得固若金汤，
凶恶的"客人"来自海上……
达顿气得都流泪，
气得觉也忘了睡。

老提心吊胆怎么行？
只好求助一位哲人。
这位哲人是个阉人，
是星占家可灵得很。
国王于是派人去请。

哲人果然应邀光临，
他打开了布口袋，
把只金鸡拿出来，
他对国王仔细叮咛：
"这只金鸡放在杆顶，
我的这只小金鸡，
帮你守望没问题：
如果四方太太平平，
它就待着安安静静；
只要碰到有的地方，
忽然间可能会打仗，
或者碰到敌军侵略，
或者碰到其他横祸，
我的这只小金鸡，
鸡冠就会猛地竖起，
喔喔啼叫，拍动翅膀，
转向出事的那个方向。"
国王感谢这哲人，
答应重重赏黄金。
他狂喜地对他说道：

"为了酬谢你的功劳，
你要什么给什么，
就是要我，都请随意。"

金鸡从此高立杆上，
帮他守望四面边疆。
一见哪儿有险情，
它像梦中猛惊醒，
浑身抖动，拍着翅膀，
转向出事的那个方向。
"喔喔喔喔，放心床上躺，
安心当你这国王！"
邻邦从此服服帖帖，
再也不敢兴兵侵略，
因为这位达顿王，
到处都能进行抵抗。

一年一年太太平平，
金鸡一直安安静静。
可有一天吵得很凶，
国王一下子给惊醒。
"陛下！我们的国父！"
将军前来向他禀诉，
"陛下，不好！请醒醒！"
"诸位，有什么事情？
啊？……谁来了？……什么不好？"

达顿打着哈欠说道。
将军连忙禀告：
"金鸡又在喔喔喔，
现在全城惊慌吵闹。"
国王忙往窗外一瞧……
杆上金鸡拍翅膀，
转过脸去向东方，
事不宜迟："大家上马！
喂喂，赶快！快快上马！"
国王向东方派出了兵，
由他的大儿子率领。
金鸡静了，吵声停了，
国王又打他的盹儿了。

这样过了八天整，
军队一点儿没音信，
到底可曾发生战斗，
达顿一点儿情报也没有。
猛又听到喔喔声，
国王只好又发兵，
这回由小儿子领着，
前去营救他的哥哥。
金鸡重新又安静，
前方还是没音信！
这样又过去了八天，
人们天天提心吊胆。

忽然又是喔喔声，
国王第三次出兵：
御驾亲征向东方开走，
但求先知伊利亚保佑。

军队日夜不停地跑，
累得简直受不了。
战场，营垒，或者坟岗，
国王一路全没碰上。
"这真是件稀奇事！"
他的心里在寻思。
又过去了整整八天，
他带着兵进入山间。
在这崇山峻岭中，
猛见一座绸帐篷，
帐篷周围惊人地静，
可是就在峡谷当中，
躺满士兵的尸首，
达顿忙向帐篷走……
多可怕的一个场面，
两个儿子就在眼前：
地上躺着他们俩，
没有头盔没铠甲，
两把利剑对穿过两人身体，
他们的马，在草地上徘徊，
茂密细草都踩踏乱，

只见上面血迹斑斑……
国王号叫："噢，孩子们！
我如今是多么倒运！
我的双鹰落网！
苦啊！我也不能活！"
大家跟着达顿哀喊，
山谷深处也在长叹，
群山心脏在发抖。
忽然就在这时候，
帐篷打开……一个姑娘走出来，
这位沙马汗女王，
全身闪闪发着霞光，
静静地迎接老国王。
国王像夜鸟对朝阳，
哑口无言，定睛凝望。
两个儿子的惨死，
见了她全都忘记。
女王露出妩媚笑容，
向他深深鞠了个躬，
接着就拉住他的手，
领着他往帐篷里走，
让他桌旁坐下喝酒，
请他饱尝各种珍馐，
侍候他上锦缎床，
舒舒服服睡个酣畅。
整整一个星期工夫，

他完全被女王征服，
神魂颠倒欣喜若狂，
在她那里饱饮琼浆。

最后达顿班师还朝，
一路朝着京城跑，
大军脚步震天响，
身旁是那美女王。
消息跑得比他们快，
真真假假，传了开来。
到了京城城门旁，
百姓欢闹迎国王，
跟着华丽马车飞奔，
追着女王以及达顿，
达顿招手在致意……
忽然看见人群里，
有个人戴尖顶白帽，
头发雪白，像天鹅毛，
这是哲人老相识。
"哎呀，你好，老爷子！
要说什么？"国王问道。
"请走近些！"
"有何见教？"
"陛下！"哲人对他讲，
"最后总该结结账，
记得为了我的效劳，

你像对待朋友，曾答应道：
'你要什么给什么，
就是要我，都请随意。'
请赐给我这位姑娘，
这位沙马汗女王……"
国王听了吓一跳，
"什么？"他对老头哇哇叫，
"难道你是魔鬼上身？
难道你是头脑发昏？
你到底在想什么？
我答应过，这不错，
凡事可得有个限度！
你要姑娘有啥用处？
得了，你可知道我是谁？
你要别的无所谓：
贵族封号，国库财宝，
或者御马，任你来挑，
半个王国也可以！"
"可我别的不中意！
请赐给我这位姑娘，
这位沙马汗女王。"
哲人坚持回答道。
国王唾了一口："大胆，办不到！
什么你也别想到手。
你这罪人，自作自受，
滚吧，趁没丢脑袋！"

来呀，把这老家伙拉开！"
老头儿还想争个明白，
跟国王争，下场准坏：
国王举起了王杖，
打在他的脑门上，
哲人倒下，呜呼哀哉。
全城的人哆嗦起来，
只有女王罪孽全不怕。
她嘻——嘻——嘻，哈——哈——哈！
国王尽管心里发颤，
还得装出一副笑脸。
他坐着车就进城，
忽然传来轻轻一声，
当着全城人的面，
金鸡一直飞下高杆，
它在马车上下降，
落在国王头顶上，
拍着翅膀，啄他的头，
然后飞旋而上……
就这时候，车上掉下那达顿，
哎呀一声……命归阴！
女王忽然不知去向，
就像从未有过一样。
童话虽假，但有寓意！
对于青年不无教益。

（1834）

导读

　　这首童话诗写于 1834 年，故事情节取材自法国作家伊尔温格的童话《阿拉伯星相家的故事》。

　　《金鸡的故事》抨击了国王的暴虐、好战和荒淫无耻，具有极其强烈的讥讽意味。其主题思想与民间文学中类似的创作是一致的——女色比任何敌人都可怕，类似中国古代流传的"红颜祸水"的说法，贪图一时的享受，最后导致的是毁灭。

　　这首童话诗的情节转换较快，一波未平一波又起，在趣味故事背后又有深刻的哲理，读来引人入胜。

海特曼铜刻的普希金像

《神父和他的长工巴尔达的故事》插图（1830）

神父和他的长工巴尔达的故事

任溶溶 译

老神父，傻乎乎，
到市场上走走，
看有什么合他胃口。
迎面来了巴尔达，
也没准儿要上哪儿。
"神父，干吗这样的早？
你在把什么找？"
"找个长工。"神父回答他，
"厨子、马夫、木匠全要一把抓，
工钱又要不怎么高，
这样的人，不知哪儿能找？"
巴尔达说："这活儿我来给你干，

管保勤快不偷懒。
一年只要弹你三下额头，
吃很随便，就点儿麦粥。"
神父马上动脑筋，
伸手搔搔他脑门，
弹脑门嘛，可重可轻，
碰运气吧，当下决定：
"那好，就依你的办，
反正大家都合算。
你住到我庄园里来，
看看你有多么勤快。"

巴尔达跟他回府，
铺点儿干草当床铺。
一个人吃四人的饭，
七人的活儿他一人干。
天没亮就干了许多活儿，
套马犁地，犁得快又多，
东西买好，炉子生着，
煮熟鸡蛋，还带剥壳。
太太连声把他夸，
小姐生怕累死他，
少爷对他大叫"爸爸"，
他得煮粥，兼带娃娃。
就是神父不爱巴尔达，
从来也不怜惜他。

神父老是想到报酬，

时间过去，限期已近，

神父不吃不喝睡不着，

脑门儿像要裂开，疼得受不了。

他对太太吐露真言：

"如此这般，该怎么办？"

娘儿们头脑特别灵，

出坏主意最聪明。

她说："老娘自有道理，

保证事情逢凶化吉：

派他一件他不胜任的事情，

又偏要他做到，差点儿也不行，

这样你的脑门不会挨揍，

咱们一钱不花，把他撵走。"

神父听了略略心放宽，

看起巴尔达来也放胆。

"巴尔达，"他大叫一声，

"过来，我忠心的长工，

你听我说，魔鬼本该给我交年金，

一直交到我的命归阴。

这种收入再好没有，

可拖欠了三个年头。

吃完麦粥你去找魔鬼，

全部欠债给我都讨回。"

巴尔达也不多争辩，

动身就去，坐在海边。

他把绳子垂到水里面，

搓得绳子不停转。

海里钻出一个老鬼：

"喂，巴尔达，干吗钻到这里？"

"瞧我用这绳子搅得海翻腾，

要叫你们这些该死的东西扭得浑身疼！"

老鬼登时苦起了脸：

"你这样狠又为哪般？"

"还为哪般？为欠款，

限期到了不交钱！

如今我们来玩个够，

你们这些狗东西要大吃苦头！"

"好巴尔达，大海先别搅，

欠款就到，分文不会少。

等着，我叫孙子出来见你。"

巴尔达想："耍这小鬼还不容易？"

水里钻出派来的小鬼，

说话咪呜咪呜，像只挨饿的猫咪：

"老乡巴尔达，喂，你好！

年金这是什么道道儿？

这玩意儿从来不曾知道过，

这种倒霉东西从来没听说。

好吧，咱们当下言明，

咱们就此一言为定，

免得日后再懊恼：

咱俩沿着大海跑，
谁跑赢了，谁就拿钱，
钱正装到口袋里面。"

巴尔达心里暗笑他：
"唉，亏你想出这个好办法！
你要跟我巴尔达比，
又算得个什么东西？
做我对手你不配！
还是等等我的小弟弟。"
说着他到附近林子里来，
抓俩兔子，放进他的口袋。
他再回到大海边，
来到小鬼的面前，
他拿出只兔子，拎起耳朵：
"你呢，还是一个小鬼头，
赛跑哪是我的对手，
这简直是浪费时间，
干脆，跟我弟弟先跑一遍。
一，二，三！赶快把它追！"

小鬼和兔子撒腿跑得快如飞，
小鬼顺着海边狂奔，
兔子马上回家，钻进树林。
瞧吧，小鬼沿着海边绕了一大圈，
累得拖长舌头仰起脸，

上气不接下气回来，

浑身是汗，爪子拼命地揩，

他想巴尔达准输，

可是一看……他在把弟弟爱抚，

边摸边说："我的亲亲弟弟，

可怜家伙，你累坏了！休息休息。"

小鬼一下吓掉魂，

夹起尾巴不作声，

斜眼把那兔子弟弟再瞧一眼，

说道："等着等着，我去拿钱。"

他忙来见爷爷："大事可不好！

刚才赛跑，巴尔达的弟弟我也赢不了！"

老鬼忙把坏脑筋动，

上面巴尔达闹得更凶，

整个大海在翻腾，

波浪哗哗在搅动。

小鬼钻出来说："够了，老乡，

钱就全给奉上……

不过听着，这根木棍可看到？

目标请你随便挑，

谁把木棍扔得更远，

谁就拿到那一袋钱。

怎么？怕手脱臼？怎么不扔？

还等什么？"

"等那小乌云，

我先把棍扔到那里，
再跟你们来比高低。"
小鬼吓得跑回家，
告诉爷爷，又输给了巴尔达。
巴尔达在上面又闹，
转动绳子，吓得魔鬼心惊肉跳。

小鬼再钻出来："急什么？
要钱有钱，先听我……"
"不对不对，该轮到我，"
巴尔达止住他说，
"这回我来定条件，
你得照我说的办。
倒要看看你力气有多大，
看见没有，那边一匹灰马？
你把这马高举起，
举着它走半里地。
你办得到，钱归你得，
你办不到，钱就归我。"
这个小鬼真可怜，
忙往马的肚子下面钻，
一下鼓起全身的劲儿，
浑身肌肉全都绷紧。
他举起马走了两步，摇摇晃晃像醉鬼，
第三步就趴下了，伸直了两条腿。
巴尔达说："真是饭桶，

83

还说较量，简直做梦！
举着马走你也办不到，
瞧我，用腿一夹就能让它跑！"
巴尔达他上马就奔，
跑了一里，只见灰尘滚滚。
小鬼吓得赶紧逃回家，
告诉爷爷，又败给了巴尔达。
老鬼小鬼慌成一团，
没有办法只好交清欠款，
把这袋钱放上巴尔达的肩。

巴尔达回家来，走得直喘气，
神父一见猛跳起，
赶紧躲到太太背后，
吓得浑身瑟瑟发抖。
可巴尔达马上找到他，
年金交出，要把工钱拿。
可怜神父脑门伸出，
第一回，"噔"一弹，
神父蹦上天花板。
到第二回，弹他一下，
神父变了哑巴。
弹到第三下，
神父变成了大傻瓜。
巴尔达训起神父说：
"神父，便宜可贪不得！"

（1830）

导读

这首童话诗取材于民间故事中常见的地主和长工斗智的故事类型，类似于 20 世纪 60 年代我国动画片《半夜鸡叫》中长工高玉宝和地主周扒皮的故事。

普希金在民间故事的基础上，进行艺术加工，诗化的处理让这首诗幽默风趣，人物形象栩栩如生。这首诗最大的特色，是在常见的长工与地主斗智斗勇的叙事中，加入了长工与魔鬼的几个回合的较量，让整首诗一波三折，悬念迭生，增强了故事的生动性和丰富性。

1831 年夏天，普希金在皇村时，曾为果戈理朗诵过这首诗。果戈理后来在一个友人的信中提及此事，并以赞美的口吻写道："这篇童话诗，诗句没有格律，只有韵脚，美妙精彩，难以形容。"任溶溶这个译本也很出色，句子短小，口语化色彩明显，生动又诙谐，很好地体现了原作的神韵。

1833 年年底，普希金画的果戈理像。线条虽然简单，但很有灵气。

第三部分　叙事诗

《高加索的俘虏》插图（1820）

高加索的俘虏（节选）

余振 译

第一章

一座山村里，几个闲散的
切尔克斯人①坐在门槛上，
高加索的儿郎正在闲谈，
谈到可怕的战争和死亡，
谈到马匹的健壮和俊美，
谈到荒野中安逸的欢畅；

---

①切尔克斯人：高加索西北部深山中的一个民族。

他们回忆着过往时日的
多少次不可抗拒的侵袭、
巧取豪夺的官吏的欺妄、
他们残酷的军刀的挥舞、
无可逃躲的飞箭的杀伤,
还有烧毁的村庄的余烬
和被俘获的黑眼睛女郎。

谈话在寂静中水一般流;
月亮钻出了夜空的云雾;
忽然切尔克斯人骑着马
出现在面前。他拿着套绳
很快牵来个年轻的俘虏。
强盗叫道:"快看俄罗斯人!"
山村随着他的这声呼叫
聚拢来一大群愤怒的人;
但是俘虏却冷漠而无言,
他的头被打得满是伤痕,
像一具死尸一动也不动。
他没有看见敌人们的脸,
他没有听见威吓的吼声;
发散着死的寒冷的气息,
他头上飞翔着死亡的梦。

这年轻的俘虏躺在那里,
很久地陷入痛苦的迷惘。

正午已经在他的头顶上
投射出一片快乐的阳光；
生的灵息在他心中苏醒，
口中发出不分明的呻吟，
被太阳的光辉温暖过来，
不幸的人轻轻抬起了身。
把无力的目光四处一转……
看见：他的头顶上矗立着
巍峨的高不可及的大山，
还有这帮强盗们的巢穴，
切尔克斯人自由的栅栏。
青年人想起自己的被俘，
像一场惊心的可怕的梦；
他听见：他带着铁镣的脚
忽然发出了银铛的声音……
可怕的声音说明了一切；
眼前天昏地暗旋转不停。
别了啊，别了，神圣的自由！
他是个奴隶。

他躺在房后，
靠近那荆棘篱笆的地方。
人们都下田了，无人看守，
一切都静寂，山村空荡荡。
他面前展开荒芜的平原，
仿佛是一幅绿色的被单；

山岭的彼此相似的峰巅
连绵不断地向远方伸延；
群山间有条幽僻的道路
消失到云烟弥漫的远方：
而一阵沉重痛苦的思想
激荡着年轻俘虏的胸膛……

漫长的道路通向俄罗斯，
他在那里无忧地、高傲地
开始了他的火热的青春；
他曾经尝过最初的快乐，
他曾爱过好多可爱的人，
他曾拥抱过可怕的苦痛，
但他被暴风雨般的生活
毁掉了理想、欢乐和憧憬，
而把最好的时日的回忆
紧锁在自己凋残的心中。

他深深懂得人寰与尘世，
熟知无常的人生的价值。
发觉了朋友的弃义背信，
追求爱情原是愚蠢的梦，
利禄和浮华已不屑一顾，
奸黠的诽谤他无法容忍，
狡猾的流言也使他厌恶，
他已做够了惯常的牺牲，

自然的朋友，人世的叛徒，
他抛开自己可爱的故乡，
怀着自由的快乐的幻想
飞到了这个遥远的地方。

自由！在这荒漠的人世上
他还寻求的只有一个你。
他已经丢开幻想和竖琴，
用痛苦扑灭了情感之火，
焦急不安地虔诚地倾听
一支支你赋予灵感的歌，
带着热诚的祈祷和信仰
拥抱着你那高傲的偶像。

全完了……他在这个世界上
看不到值得期待的目标。
连你们，最后的一些幻想，
连你们也丢开他而逃跑。
他是奴隶。头靠在岩石上，
他等待，随着眼前的夕照，
快熄掉悲惨的人生之火，
渴望着他的归宿的来到。

太阳在山后已渐渐昏暗；
远处传来了嘈杂的喧嚣；
人们从田野向山村归来，

明晃晃的镰刀闪闪辉耀。
归来了。家家都点上了灯，
杂乱的喧哗已渐渐沉静；
一切都在这夜的阴影里
拥抱进静谧的安逸之中；
山间的流泉在远处闪烁，
从万丈悬崖上一泻倾落；
高加索沉入梦境的群山
已经披上了云雾的帷幔。
但是谁在月色的照耀下，
在这万籁无声的寂静中
一步一步地在悄悄走近？
俄罗斯人醒来了。他面前
站着一个切尔克斯少女，
那样含情脉脉，无限殷勤。
他凝视着少女，不作一声，
他想：这是疲倦的感情的
空幻的游戏，虚妄的梦境。
她，被月光微微地照耀着，
浮着可爱的哀怜的笑容，
双膝慢慢地跪落了下来，
一只手轻轻地向他的嘴
送上了一杯清凉的马奶。
他没留心这滋养的饮料；
他贪婪的灵魂却在追寻
悦耳言词的迷人的声音、

年轻女郎的美妙的眼睛。
他听不懂这异乡的言语；
动人的目光、两颊的红晕、
亲切的声音在说：活下去！
这时俘虏便恢复了精神。
他抖擞起他最后的力量，
遵从着和悦可亲的命令，
抬起身来——用这救命的奶
消解干渴的疲惫和苦痛。
然后把沉重不堪的脑袋
又重新向岩石低垂下去，
但他那黯然失神的眼睛
还注视着切尔克斯少女。
她在他面前很久、很久地
坐着不动，在深沉地思虑；
仿佛是想用无言的同情
来安慰俘虏的不幸遭遇；
她时时好像是有话要讲，
不由张开欲说还休的口；
她叹息着，而不止一次地
他看到盈盈的泪水凝眸。

一天一天像影子般逝去。
俘虏带着锁链在深山里
傍着畜群消磨他的光阴。
夏日的暑热中掩盖他的

是窑洞里那凉爽的清阴；
每当银色的弯弯的新月
照耀在那阴沉沉的山后，
少女便从幽暗的小径上
给俘虏送来马奶和美酒、
蜂箱中取出的芬芳的蜜，
和白得像雪一般的黍米；
和他共享这秘密的晚餐；
用柔情的目光安慰着他；
他们用完全不懂的语言
加上眼睛和手势来交谈；
她给他唱起悦耳的山歌
和幸福的格鲁吉亚歌曲。
而把那异域他乡的语言
交付给急不可待的记忆。
她的少女的心灵第一次
尝到了幸福，尝到了爱情。
但是这年轻的俄罗斯人
对人生早已丧失了信心。
他已经不能用心灵回答
少女的坦率纯真的爱情——
也许是，他不敢重新忆起
那已经忘却的爱情的梦。

青春并非是倏忽地凋谢，
欢乐并非是倏忽地走开，

而我们也不仅只一次地
把意外的喜悦搂进胸怀：
但是你们啊，生动的印象、
那一些最初萌发的情爱、
使人心醉的天国的火焰，
你们却一去而不复再来。

仿佛是，这个绝望的俘虏
已经习惯了悲惨的生活。
囚禁的苦恼、不安的激愤
都已经深埋进他的心窝。
当凉风习习的清晨时光，
他在阴郁的山岩间漫步，
把他的好奇的目光投向
那些灰色、蓝色、玫瑰色的
亘在远方的重峦和叠嶂。
多么动人的壮丽的景象！
冰封雪盖的永恒的宝座，
在人们看来，它们的山峰
像白云的长链岿然不动，
庄严伟大的厄尔布鲁士①，
双头巨人，闪着冰雪冠冕，
白皑皑地在群山环绕中
高高耸立在蔚蓝的天空。
当雷声，风暴的先驱，和着

---

①厄尔布鲁士：高加索群山的最高峰。

山谷中沉闷的声音轰鸣，
俘虏就常常在山村之上
一动不动地独坐在山顶！
在他的脚底下乌云弥漫，
草原上腾起飘忽的烟尘，
惊慌的牡鹿想寻找一个
栖身之所，在山岩间乱奔。
鹰鹫从悬崖峭壁上飞起，
在空中飞旋着，此呼彼应；
马群的嘶鸣、牛羊的喧闹
已经淹没进风暴的吼声……
突然，透过闪电，向着山谷，
骤雨冰雹穿云倾泻下来；
雨水的急流翻滚着波浪，
搜掘着峭壁、峻坡和悬崖，
把千年古老的巨石冲开——
而俘虏站在高山的峰顶，
置身于雷雨的乌云之外，
独自在等待着太阳归来，
他不为雷雨的力量所动，
倾听着风暴无力地吼声，
感觉到一种莫名的愉快。

但这奇异的人民吸引了
这个欧洲人的全部注意。
俘虏在山民中间观察着

他们的信仰、教化和风习。
他喜爱他们生活的纯朴、
热情的款待、战争的渴望、
潇洒自如的行动的敏捷、
脚步的轻快、手臂的力量；
他常常一连几小时望着：
有时矫健的切尔克斯人
在高山间辽阔的草原上，
戴着皮帽，披着黑色斗篷，
弓身伏在鞍桥上，两只脚
姿态优美地紧踏着马镫，
任凭他的骏马随意奔跑，
预先演习，准备参加战争。
他常常欣赏他们平时的
和战时服装的绚丽华美。
切尔克斯人浑身是武器；
他们以此自豪、以此自慰；
他们有着铠甲、火枪、箭袋、
库班的角弓、套绳和短剑，
还有军刀，他们在劳作时、
闲暇时一刻不离的侣伴。
什么也不使他感到累赘，
什么也不会叮当地乱响；
徒步、骑马——他总是那个样；
总是那刚强不屈的模样。
他的财富——就是一匹骏马，

无忧的哥萨克人的灾难，
深山老林里马群的后裔，
他绝对忠贞不贰的伙伴。
狡猾的强盗拉着马藏入
山洞里或茂密的草丛间，
看见行人便猝不及防地
从隐蔽处冲出，像支飞箭；
一转眼，他那狠狠的打击
解决了胜负判然的战斗，
飞起的套绳把徒步旅人
已经拖进了深山的谷口。
马匹在用尽全力地飞奔，
充满了一团勇猛的烈火；
处处都是它的道路：沼泽、
松林与树丛、峭壁与沟壑；
在它身后留下一道血痕，
荒野上响起嗒嗒的蹄声；
茫茫的急流在前面喧响——
它向着那浪花深处驰奔；
那个被投入水中的旅人
一口口吞着浑浊的波浪，
奄奄一息地祈求着死亡，
看见了死亡已就在眼前……
但骏马却把他箭一般地
拖上了溅满飞沫的河岸。

当没有月色的夜的阴影
帷幔似的掩盖起了山冈，
切尔克斯人攀住被雷雨
打落的掉进河里的树桩，
而在周围百年的树根上——
在树枝上一一悬挂起了
他那些战时装备的铠甲、
护胸和头盔、盾牌和外套、
箭囊和套绳——然后这一个
不知疲倦的沉默的好汉
就纵身跳进滚滚的波涛。
夜色已深沉，河水在怒吼；
汹涌澎湃的激流就把他
沿荒僻的河岸顺水冲走，
在河岸旁突起的山丘上
哥萨克正在凭倚着长矛
向河中黝黑的激流凝望——
而强徒的武器漂过身边，
昏暗中隐约地发着闪光……
哥萨克啊，你在想着什么？
是不是想起往日的战争，
想起在生死场上的露营，
想起军旅中赞美的祈祷
和故乡？……这是狡猾的梦境！
啊，别了，那些自由的村庄、
静静的顿河、祖传的庭园、

战争和那些美丽的女郎！
潜入的敌人已靠近河岸，
一支箭已经抽出了箭囊——
射出去——哥萨克倒了下来，
滚下被鲜血染红的山冈。

当着风雨时，切尔克斯人
同他的和睦的一家老小
坐在祖先留传的住宅里，
炉灶内炭火在微微燃烧；
有时候在那荒山旷野里
误了路程的疲累的来客
跳下忠诚的马，走进家来，
怯生生地坐下，靠近炉火——
这时候殷勤好客的主人
站起来亲切地向他问候，
并用馨香的杯子给客人
斟上了醇美可口的红酒。
多烟的屋内，湿的外套下，
旅人得到平静甜蜜的梦，
而次日清晨他便离开这
热情款待的亲切的主人。
每逢天朗气清的除斋节，
青年们常常聚集在一起，
一种游戏接着一种游戏。
有时把满满的箭囊打开，

用一支支带有羽翎的箭
把云中的鹰鹭射落下来；
有时在那陡峻的高坡上
急急忙忙一列列地排起，
一声口令，就像牡鹿一般
突然跳下去，震动着大地，
漫天的尘土掩盖起旷野，
他们飞快奔跑，步伐整齐。

但是为战争而诞生的心
对平和的嬉戏感觉单调，
而这自由的消闲的娱乐
常常被残酷的节目干扰。
饮宴时，在狂热的嬉戏中，
往往可怕地挥动起军刀，
当奴隶的头颅飞落尘埃，
青年们高兴得拍手大笑。

但俄罗斯人漫不经心地
看着这一类流血的勾当，
他也曾爱过光荣的游戏，
也曾燃烧过死亡的渴望。
这个无情的光荣的俘虏
看见他的末日近在眼前，
在决斗中刚强而镇静地，
准备着迎接致命的铅弹。

或许是，沉湎于深思冥想，
他回忆起了那一段时光，
那时他在朋友的簇拥中
和他们喧闹着开怀畅饮……
或者惋惜那逝去的年华——
惋惜欺骗了希望的年华，
或者好奇的他在观察着
严酷的纯朴的作乐寻欢，
而在这面忠实的镜子里
看见野蛮人的风俗习惯——
他把自己的内心的激荡
隐藏在他深邃的沉默中，
而在他那高高的额头上
看不见什么改变的踪影。
那些凶恶的切尔克斯人
都惊奇他那漠然的大胆，
怜惜他年轻的不幸遭逢，
为自己的捕获物而骄傲，
在他们中间窃窃地议论。

这是普希金的第一部浪漫主义长诗，写于1820~1821年。为更准确地刻画诗中的主人公，普希金推翻了初稿重新写，反复推敲每一个形象、每一个字、每一个句子。草稿完了，又一连重抄三遍，有删减，或加进新的东西，或者改变结构。普希金本人后来对俘虏性格的刻画并不满意，但对高加索和切尔克斯人的描写则是满意的。

这首长诗讲的是一个贵族青年看透了人生和社会，渴望自由，离开文明社会，愿到大自然中去过无拘无束的生活。但在去高加索途中被切

104

尔克斯山民俘虏，一个少女爱上了他，但未能从他那颗已经冷却了的心中得到回响，少女私自释放了俘虏，自己投江殉情，俘虏仅仅回头看了看江水的波涛便转身而去。主人公那种向往自由又心灰意冷的精神气质，反映了一代人的心理特征，是俄罗斯文学形象"多余人"的先祖。

这是普希金最早的自画像之一，画在一张单页纸上，没有注明作画日期。据俄罗斯普希金学专家们推测，可能画于 1817 年左右，是为他准备出版的第一本诗集而设计的封面或扉页。

青铜骑士

查良铮 译

楔 子

那里，在寥廓的海波之旁
他①站着，充满了伟大的思想，
向远方凝视。在他前面
河水广阔地奔流；独木船
在波涛上摇荡，凄凉而孤单。
在铺满青苔的潮湿的岸沿，
黝黑的茅屋东一处，西一处，
贫苦的芬兰人在那里栖身。
太阳躲进了一片浓雾。
从没有见过阳光的森林
在四周喧哗。
而他想道：
我们就要从这里威胁瑞典。
在这里就要建立起城堡，
使傲慢的邻邦感到难堪。
大自然在这里设好了窗口，
我们打开它便通向欧洲。
就在海边，我们要站稳脚步。
各国的船帆将要来汇集，

---

① 他：指彼得大帝。

在这新的海程上游历，
而我们将在海空里欢舞。

一百年过去了，年轻的城
成了北国的明珠和奇迹，
从幽暗的树林，从沼泽中，
它把灿烂的、傲岸的头高耸；
这里原只有芬兰的渔民，
像是自然的继子，郁郁寡欢，
孤单地，靠近低湿的河岸，
把他那破旧的渔网投进
幽深莫测的水里。可是如今
海岸上却充满了生气，
匀称整齐的宫殿和高阁
拥聚在一起，成群的
大船，从世界每个角落
奔向这豪富的港口停泊。
涅瓦河披上大理石的外衣，
高大的桥梁横跨过水波，
河心的小岛遮遮掩掩，
遮进了一片浓绿的花园，
而在这年轻的都城旁边
古老的莫斯科日趋暗淡，
有如寡居的太后站在
刚刚加冕的女皇前面。

我爱你，彼得兴建的城，
我爱你严肃整齐的面容；
涅瓦河的水流多么庄严，
大理石铺在它的两岸；
我爱你铁栏杆的花纹，
你沉思的没有月光的夜晚，
那透明而又闪耀的幽暗。
常常，我独自坐在屋子里，
不用点灯，写作或读书，
我清楚地看见条条街路
在静静地安睡。我看见
海军部的塔尖多么明亮。
在金光灿烂的天空，当黑夜
还来不及把帐幕拉上，
曙光却已一线接着一线，
让黑夜只停留半个钟点。
我爱你的冷酷的冬天，
你的冰霜和凝结的空气，
多少雪橇奔驰在涅瓦河边，
少女的脸比玫瑰更为艳丽；
还有舞会的笑闹和窃窃私语，
单身汉在深夜的豪饮狂欢，
酒杯冒着泡沫，咝咝地响，
潘趣酒①流着蓝色的火焰。
我爱你的战神的操场

---

①潘趣酒：一种混合着苏打水、酒、香料和糖的饮料。

《青铜骑士》插图（1829）

青年军人的英武的演习，
步兵和骑兵列阵成行，
单调中另有一种壮丽。
呵，在栉比的行列中，飘扬着
多少碎裂的，胜利的军旗，
还有在战斗中打穿的钢盔，
也给行列带来耀目的光辉。
我爱你，俄罗斯的军事重镇，
我爱你的堡垒巨炮轰鸣，
当北国的皇后传来喜讯：
一个太子在宫廷里诞生；

或者俄罗斯战败了敌人，
又一次庆祝她的光荣；
或者是涅瓦河冰冻崩裂，
蓝色的冰块向大海倾泻，
因为感到春意，欢声雷动。

巍然矗立吧，彼得的城！
像俄罗斯一样的屹立不动；
总有一天，连自然的威力
也将要对你俯首屈膝。
让芬兰的海波永远忘记
它古代的屈服和敌意，
再不要挑动枉然的刀兵
惊扰彼得的永恒的梦。

然而，有过一个可怕的时辰，
人们还能够清晰地记忆……
关于这，亲爱的读者，我将对你
叙述如下的一段事情，
我的故事可是异常的忧郁。

第一部

在幽暗的彼得堡①的天空，

---

①彼得堡位于俄国西北边陲通向欧洲的入海口，本是一片沼泽地，彼得大帝为了把俄国变成一个欧洲大国，在此筑城，并把都城从莫斯科迁到这里。

吹着十一月的寒冷的秋风。

涅瓦河涌起轰响的巨浪

冲击着整齐的石铺的岸墙，

河水激动着，旋转着，像是病人

在她的床上不断地翻腾。

这时候天色已晚，在昏黑中

雨点急骤地敲打窗户，而风

愁惨地吹扫，吼吼地嘶鸣。

这时候，刚刚做客归来，回到家门，

有一个青年名叫欧根……

我们要用这个名字称呼

故事的主人公，因为我喜欢

它的音调，并且曾有一度

它和我的笔结过不解的因缘。

他姓什么，我们不想再钻研。

尽管这姓氏，也许，在过去

一度出现在显赫的门第，

甚至于史家克拉姆金①

也许在笔下使这一族扬名，

但是如今，上流社会和"传闻"

却早把它忘得干干净净。

我们的主角在某一处任职，

住在科隆纳，一个要人也不认识，

他既不向往死去的祖先，

也没有叹息已逝的流年。

---

①克拉姆金：俄国作家，著有《俄国史》等。

111

好了，既回到了家，欧根
扔开外套，脱下衣服，上了床。
但是睡眠他却不能：
他的脑海里翻腾着不少事情。
他想什么呢？原来在盘算
他是多么微贱和贫寒：
他必须辛辛苦苦才能期望
一个安定的生活，一点儿荣誉。
但愿上帝仁慈，多给他
一些金钱和智慧。他想起
也有些花天酒地的富翁，
那些头脑并不高明的懒虫，
他们的生活却多么适意！
而他任职总共才只两年。
他的思虑又转向天气，风雨
还没有停息，傍近河沿
波涛不断地上涨，几乎冲上
涅瓦河的桥，使交通中断。
他想到巴娜莎，那怎么办，
和她就要两天，或三天不见。
想到这里，欧根衷心地痛惜，
并且像诗人一样幻想下去：

"我能结婚吗？为什么不？
自然，这可能是非常艰苦；

我准备操劳，日夜不停；
总会有个办法，安置个家，
使它简单，安恬，并不奢华
在那里安置下我的巴娜莎。
也许，过那么一年半载——
就会找到差使，把家事
交给巴娜莎管理和主持
并且教育我们的小孩……
就这样，我们活着，手拉着手，
生死相共，到死也不分离，
叫子孙把我们埋在一起……"

他想着，一夜想个不停，
他忧郁，并且衷心地期望
秋风不要号得这样愁人，
雨点儿也不要打在窗上
这样无情……
但是睡眠
终于合上他的眼睛。呵，看：
幽暗的风雨夜已渐渐消逝，
让惨淡的白日接着统治……
悲惨的白日！
涅瓦河一整夜
抗拒着风暴向大海倾泻，
但终于敌不过它的暴力，
和它搏斗已用尽了力气……

次日清早，在河水的两岸，
成群的居民汇集举目瞭望：
他们观赏着水花的泼溅，
和汹涌的、排山倒海的巨浪。
但是从海湾吹来猛烈的风
顶住了水流不能前行，
她翻来覆去，愤怒咆哮，
她退回淹没河心的小岛。
这时候，天时更为凶险，
咆哮的涅瓦河不断上升，
她沸腾得像是一壶滚水，
像是野兽，猛然发了疯，
突地向城市扑去。在她面前
一切让开路，她的周围
立刻是死寂和荒凉——洪水
灌进了地窖，爬过门槛，
运河也涌上了它的铁栏。
看，彼得堡像传说的人鱼：
她的半截身子浸在水里。

呵，围攻！偷袭！邪恶的波浪
像盗贼似的爬进门窗。
小船一摆船尾，把玻璃撞碎，
摊贩的木板上裹着布帷，
残破的草房、木片、屋檐、
小本生意的什物杂件，

114

贫穷人家的所有资财，

雷雨摧毁的桥梁的碎片，

和从坟墓冲出的棺材，

一切都飘浮在街上！

人民

眼见上苍的愤怒，等待死亡。

唉！一切都完了！衣食和房间

哪儿去找？

那是悲惨的一年，

我们的故皇①还正光芒万丈

统治着俄罗斯。他出现

在凉台上，忧郁，迷惘，

他说："沙皇可不能管辖

冥冥中的自然力。"他坐下，

他以悲伤的眼睛，沉思地

遥望那险恶危殆的灾区。

以前的广场已变为湖泽，

条条大河是以前的街衢，

而皇宫像是阴沉的岛国

处在大水中。沙皇只开口

说了句话——请看他的将军②：

他们便东西南北，遍及全城，

有的走向大街，有的穿过小弄，

在波涛里出入，奋不顾身，

①故皇：指亚历山大一世。

②他的将军：指米洛拉多维奇伯爵和侍从武官宾肯道尔夫。

搭救那被洪水吓呆的游魂，
那等着淹没在家门的居民。

那时候，在彼得广场的一角
一所新的巨厦刚刚盖好，
在高大的阶台上，一对石狮
像活的一样，张牙舞爪
在门口把守。可怜的欧根，
他的两手在胸前十字交叉，
没戴帽子，苍白得可怕，
正静静地坐在石狮背上
动也不动。然而，这可怜人
并没有为自己恐惧。任波浪
怎样贪婪地拍打，溅到脚跟，
他并没有听见，没有留心；
任雨点怎样淋湿着脸，
怒吼的风怎样摆出威严
并且把他的帽子吹到天空。
他只把自己忧郁的眼睛
凝固在一个遥远的方向。
在那里，山峰似的波浪
仿佛是从汹涌的海底
翻腾上来，把一切冲掉，
那里，暴风雨在怒号，
那里，房屋的碎片在浮荡……
而就在巨浪近处，呵！天，天！

就在那海湾的旁边——
一棵垂柳，一道简陋的篱墙，
墙里有破旧的小屋，住着一家
母女二人，住着他的巴娜莎，
他的美梦……难道是在梦里
他看见这一切？难道人生
只是一场空，一个春梦，
或是上天对我们的嘲弄？

这时候，他好像是中了魔魅，
好像是和石狮结为一体
不能够下来！在他周围
再没有别的，只是水，水！
而上面，在那稳固的高空，
超然于河水的旋流急浪，
背对着欧根，以手挥向
无际的远方，坚定，肃静，
是骑着青铜巨马的人像。

第二部

但如今，涅瓦河发够了脾气，
暴虐和破坏已使她厌腻，
终于回转来，却一路欣赏
自己的横暴造成的情景，
并且把虏获随处抛扬。

这好像是盗匪的首领
带着一队人马突入村镇，
他们凶残地打家劫舍，
杀烧和掳掠；哭，号，愤恨，
詈骂和扭打，天大的灾祸！……
一切做完，强盗迅速撤退，
害怕追兵，又因为满载而归
不胜疲劳，便在一路
抛下他们劫来的财物。

洪水撤退了，石铺的路
已经呈现，而我的欧根
心怀着忧思、希望和恐怖，
一路奔跑着，像失了魂，
跑向那尚未平伏的河身。
那里，像在得意刚才的胜利
怒吼的波浪仍旧在翻腾，
水面上仍旧滚满了气泡，
像是有炉火在下面燃烧；
像是战马刚刚回归阵地，
涅瓦河是这样急促地喘息！
欧根瞭望着，看见一只船；
仿佛获得了意外的发现，
他一面追去，一面叫喊——
摆渡的船夫正自悠闲，
情愿只要几个铜板

把他渡过波涛的彼岸。

熟练的船夫用尽气力
和波涛搏斗了很长时间，
看那，小船老是没入浪里，
一连串的波浪就要打翻
大胆的搭客——但终于
他来到对岸。
这不幸的人
跑过所有熟悉的街巷，
去到他熟悉的地方。举目四望：
却再也不认识。呵，可怕的景象！
在他眼前，一切都很凌乱，
这里一片荒凉，那里一堆破烂，
房屋变了形状，有的
完全倾圮了，另外一些
被洪水搬了地方。而且
像是战场上横陈着尸身，
他一眼看见周围的死人。
一阵昏眩，他什么也没想，
尽管苦难的折磨已使他疲弱，
却飞快地跑去，到那地方：
那里，不可知的命运正在期待：
像是密封的信函等他拆开。
看，这里他跑过城郊，这里
是海湾，附近便是他熟悉的

房子，它怎样了？

他站住。

他转来转去，又走回原处。

看一看，转过身，仔细观察：

就在这里，应该是她的家！

这里是柳树，原来有篱墙——

显然，洪水已经把它扫光，

但哪里有房子？他迷惘，

他踱来踱去，想了又想，

自言自语，高声说个不住——

而突然，用手拍着前额，

他大笑起来。

夜的帷幕

向战栗的城轻轻垂落；

但它的居民却在谈论

白天所发生的一切不幸，

久久不能安睡。

破晓的光

透过疲惫而苍白的云彩

流入安静的都城。这光亮

已不能找到昨天的灾害

留下的痕迹；一片紫红①遮盖了

丑恶的形象。一切事情

和从前一样有条理地进行。

---

①一片紫红：沙皇的衣服是紫红色的。这里影射沙皇在洪水后拨发的无济于事的救济金。

在那畅达无阻的街心，
人们依旧带着漠然的表情
面对面走过去。那些官员
也放弃了昨夜隐蔽的桃源，
到衙门正式办公。勇敢的小贩
丝毫没有丧气，把地窖
又从涅瓦河的手里接管，
并且希望以邻居的钱包
填补自己重大的亏空。小船
一只只从院子搬出去。
末了，
瓦斯托夫男爵①，天宠的诗人，
也已吟唱了不朽的诗章，
对涅瓦河的灾难表示哀伤。

但是，我可怜的，可怜的欧根……
唉，他的脆弱而迷乱的神经
却经不住这可怕的打击。
那涅瓦河的吼吼的风声
和翻天巨浪，还在他的耳际
不断地轰鸣。有什么噩梦
撕裂他的神志；恐怖的思想
紧抓着他：他只无言地游荡。
一礼拜，一个月，转瞬已过，

---

①瓦斯托夫男爵：俄国诗人，属于和普希金敌对的文学团体。下句中"不朽的诗章"
意含讽刺。

他从来没有回到家稍坐。
他那幽僻的小屋，既然
租期已满，又没付租钱，
一个穷诗人便来做了房客。
欧根从此没有回来，连衣物
也不要了，整天地流浪，
很快地，世界便把他遗忘。
夜晚他睡在码头，从窗户
扔出的面包就是他的食物。
他所穿的衣服，原已破旧，
这时更是稀烂。一些顽童
朝他的背影扔着石头。
更常常的，马车夫的皮鞭
抽在他身上；因为，显然
他一点儿也不辨认路径，
茫然无感。内心的风暴
使他听不见外界的闹声。
就这样，他拖着一个躯壳
度过悲惨的岁月；既不像人，
又不像野兽，既不像生灵，
又不像阴间的鬼魂……
有一晚
他睡在涅瓦河的码头上。
夏令正渐渐地转为秋天，
吹起了冷风。黝黑的波浪
扑向码头，打着光滑的阶沿，

那声音像是幽诉和低怨，
像是含冤的人在哀求法官
靠在他紧闭不动的门前。
欧根惊醒过来，周围异常黑暗：
雨在淋漓，风吹得非常凄惨。
在阴暗的远处，一个岗哨
正远隔着夜雾朝他高呼……
欧根吃了一惊；过去的恐怖
重又在眼前浮现。他连忙
爬起来，到街上流浪；
忽然他站住了，睁大眼睛
静静扫视着四周的情景，
脸上露着失魂的惊惶。
他到了哪里？眼前又是
巨厦的石柱，和一对石狮
张牙舞爪，和活的一样，
把守在高大的阶台之上。
而笔直的，在幽暗的高空，
在石栏里面，纹丝不动，
正是骑着铜马的巨人，
以手挥向无际的远方。

欧根不由得战栗。他脑中
有些思想可怕得分明。
他知道就在这里，洪水泛滥，
就在这里，贪婪的波浪

包围他，向他恶意地侵凌；
包围着他、石狮和广场，
和那坚定的矗立的人
以铜的头颅伸向苍穹：
就是这个人，按照他的意志
在海岸上建立了一个城……
看，在幽暗里他是多么可怕！
他的额际飘浮着怎样的思想！
他掌握着怎样的力量！
那匹马燃烧着怎样的烈焰！
呵，高傲的马，你将奔向何方？
你的蹄子将往哪里飞扬？
呵，你命运的有力的主宰！
不正是这样：一手握着铁缰，
你勒住俄罗斯在悬崖上面，
使她扬起前蹄，站在高岗？

这可怜的发疯的欧根
尽绕着铜像的脚边环行，
他以惶惑的眼睛注视着
那统治半个世界的国君。
但他的目光忽然昏暗，
胸口感到窒息，他把额角
贴靠着冰冷的栏杆，
他的心里奔腾着火焰，
他的血滚沸。而突然，沉郁地，

他站在高傲的铜像前面，
咬紧牙齿，握着拳头，
像突然有什么魔鬼附体，
他全身战栗地低声诅咒：
"好呵，建设家，你创造的奇迹！
等着我的……"说罢，转过头
便飞快地逃去。因为这时候
他似乎看见威严的皇帝
突然间怒气冲冲，无声地
把他的脸转向欧根……
而当他穿过广场逃奔，
在空旷的广场上，他却听见
仿佛背后霹雳一声雷鸣，
仿佛有匹快马向他追赶，
石路上响着清脆的蹄声。
在他身后，在苍白的月色下，
看，青铜骑士骑着快马
一面以手挥向高空，
一面赶他，这可怜的疯人！
这一夜，无论跑到什么地方，
他总听见骑马的铜像
追赶他，响着清脆的蹄声。

从那时候起，只要欧根
由于偶然的机会，路过广场，
他的脸上便显出慌张

惶惑的神情。他会把手
迅速地放在自己的胸口，
好像去抚摸那里的创伤；
并且脱下破旧的小帽
低着头，露着困窘的目光，
绕一条小道溜去。
在海滨
有一个小岛。迟归的渔人
有时候把船在那里停泊，
一面晾着渔网，一面烧着
他们简陋的晚餐。或者
礼拜天，一些官员划着小船
游经这里，便到岛上休憩。
它非常荒凉，甚至没有一根草
在那里滋生。洪水的泛滥
游戏似的，把一间旧茅屋
冲流在那里，在那水边，
它便停留着像一丛灌木。
去年春天，来了一只大船
把破烂的茅屋移去。那里面
一无所有，但是在门口，
我们的疯人却被人发现。
自然，人们看在上帝的面上，
把这僵冷的尸体赶快就地埋葬。

（1833）

"青铜骑士"是俄国女皇叶卡捷琳娜二世请法国雕塑家为彼得一世雕

铸的一尊青铜塑像。普希金叙事诗《青铜骑士》以此为题，并作为中心意象。普希金从小就崇拜彼得大帝。他清楚地记得这位雄才大略的君王的名言：我们要打开眺望欧洲的窗户。当诗人再次注视那矗立在涅瓦河岸边的彼得大帝的青铜雕像时，一种敬畏之感油然而生，写下了这首叙事长诗。

诗歌由楔子和正文两部分组成。楔子的内容是对彼得一世创建彼得堡的深谋大略和丰功伟绩的颂扬。正文又分两个部分：第一部分描述彼得堡建成后遭遇到的洪水灾害；第二部分讲述了灾害给人民带来的巨大痛苦。

普希金成功地塑造了具有双重性格的彼得大帝的形象。这个君王既有雄才大略，却也冷面无情。诗人在历数他的珍贵遗产的同时，丝毫也不掩饰他手中高悬的皮鞭。诗人怀着敬仰的心情，以最庄重的诗句肯定了彼得大帝对俄罗斯国家发展的巨大历史作用。同时，诗中也集中表现了普希金对历史与小人物命运相互关系的冷峻的思考：彼得大帝是俄国统治者的最突出的代表，他的成功是以牺牲人民的利益换得的。

俄国评论家别林斯基认为《青铜骑士》是普希金诗歌的又一座艺术高峰："作品的色彩之美，可能是前一代那极力要写史诗的诗人宁愿尽毕生之力去换取的……你简直不知道是该惊叹于它的雄浑壮丽呢，还是它的几乎近于散文的质朴和单纯？"

《青铜骑士》中最骇人的情节莫过于欧根的幻觉：月色下，青铜骑士骑着快马在追赶他，石路上响着清脆的蹄声。这个噩梦似的情节，正好揭示了小人物在历史风雨中挣扎的宿命。

科隆纳一人家

冯春 译

一

我已厌倦四音步的抑扬格：
写这种诗的人处处都有。
该让孩子们用它去戏耍了，
我想写八行诗为时已久。
说实话，三重韵是我的拿手戏，
瞧我写来多么得心应手。
我脑中的韵脚唾手可得，
两个韵来了，自然会来第三个。

二

为了使韵路开阔、自由，
我立即决定用动词来押韵。
你们知道，用动词来做韵脚，
这一向犯忌，为什么？我要问。
虔诚的希赫玛托夫①就这样写诗；
我多半也这样写我的作品。
你们说，这又何必？原来我们底子薄。
从现在起我要用动词做韵脚。

①希赫玛托夫：俄国作家，曾写作宗教题材的诗歌，他认为用动词押韵是不可取的。

三

我不会骄横地剔除动词，
把它们看成伤残的新兵，
或者是体态丑陋的驽马，
连接词和副词，我也要选用，
我要用小流氓组成一支大军。
为了韵脚，一切都可以收容，
哪怕是整部词典。士兵就是音节，
大家都有用，我们不是搞检阅。

四

好，阴性和阳性的音节！
上帝保佑，让我们试试：注意！
向前看齐，迈开你们的脚步，
三个一排，向八行诗走去！
别害怕，我们不会太严格，
放开点儿，只是得走整齐，
感谢上帝，大家操练得很好，
让我们迈上康庄大道。

五

按一定次序，一定数字，

一行一行写自己的诗句，
不让它们游离在一边，
像不让军队被打散，该多惬意！
瞧每个音节都精彩而可敬，
每行诗都觉得自己了不起，
而诗人呢，能和谁相提并论？
他是塔米尔兰①，也许是拿破仑。

六

写到这里，让我们稍事休息。
怎么？是停下来还是要"加倍"②？
说实话，在五个音步的诗行里，
我喜欢在第二步停顿一会。
否则，诗行会七高八低，
我纵使躺在沙发上安睡，
也会觉得剧烈地颠簸摇荡，
像坐车疾驰在冻结的田野上。

七

可这算得了什么？人不能
老是在大理石的涅瓦河岸
散步，或在镶木地板上起舞，

---

①塔米尔兰：传说是成吉思汗的后裔，曾在土耳其、西伯利亚等地建立了广大的政权。
②加倍：加倍下注，牌戏中的术语，此处指下面还要押两个"倍"字韵，如本节中
  的"会""睡"。

或者驰骋在吉尔吉斯草原。

我要一站一站地走下去，

像那传说中的怪人一般，

他骑着快马，并不喂养，

从莫斯科来到涅瓦河旁。

八

我是说，快马！帕耳那索斯①的神马

也追不上它。但是珀伽索斯②

已经老掉了牙，它掘出的泉水

已干涸。荨麻长遍了帕耳那索斯，

福玻斯③已退休，缪斯也告老，

她们的圆舞已叫人毫无兴致，

于是我们把自己的营帐

从古典主义顶峰搬到旧货市场。

九

坐下吧，缪斯：袖起你的手，

脚放在凳下！好动的姑娘，别乱转！

现在讲故事。从前有个寡妇，

①帕耳那索斯：希腊中部的一座山，在希腊神话中被认为是太阳神和文艺女神们居
住的地方。也代指诗坛。

②珀伽索斯：希腊神话中有翼的马。它的蹄子踢出了赫利孔山下的一眼泉水，即希
波克林灵感之泉。

③福玻斯：古希腊神话中的太阳神，是诗及音乐的保护者。

这贫穷的老大娘八年前
和女儿住在波克罗夫教堂①旁，
那寂静的小屋就在岗警后边，
她们那明亮的房间，三个窗户，
台阶和小门，都还历历在目。

十

三天前，临近傍晚时分，
我和朋友到那里去闲逛。
小屋已没了踪影，那里
盖起了一座三层的楼房。
我想起那常坐在窗前的
老寡妇和她的年轻姑娘，
我年轻时的情景又浮现在眼前，
她们是否还活着？有什么变迁？

十一

我心中闷闷不乐：我斜着眼睛
看看那座高楼，如果这时刻
有一场大火将它吞噬，
那火焰该使我多么快乐，
我妒恨的眼睛才感到满足。
奇怪的梦常充满我们心窝；

①波克罗夫教堂：在彼得堡科隆纳地区。

当我们单独或者三三两两
一起散步时，也常会胡思乱想。

十二

谁要能牢牢地管住舌头，
把思想的缰绳紧紧抓住，
谁要能掐死心中突然间
咝咝叫起来的蛇，谁就有福。
但谁要是喜欢饶舌，那恶魔的
名声就会立刻到处传布。
哦，我忘了，医生不准我忧郁，
我们不谈这些了，实在对不起！

十三

老大娘（这样的面貌我在
伦勃朗①的油画上见过无数次）
戴着压发帽和老花眼镜。
但女儿是个少女，长得很标致：
眼睛和眉毛像夜色一般黑，
人却温柔和白净得像只鸽子；
她的爱好高尚而又文明，
她还读过埃敏②的作品。

①伦勃朗：荷兰画家，善作肖像画。
②埃敏：俄国惊险小说作家。他的作品当时甚为流行。也可能指他的儿子，他写过
　一些书信体感伤小说。

133

十四

这少女还会弹奏六弦琴，
会唱《灰色的鸽子多忧伤》
《我要不要出门》①和旧时的小调，
她会唱所有的歌，像俄国姑娘
冬天的傍晚坐在火炉边，
寂寞的秋日守在茶炊旁，
春天在小树林里抑郁地低吟，
这感伤的歌女，像我们的诗神。

十五

不管是比喻，还是现实：我们全家，
从马车夫到首屈一指的诗人
都唱得很忧郁。俄罗斯的歌曲
就是悲伤的呼号，这已遐迩闻名！
开头欢天喜地，最后悲痛欲绝，
我们的缪斯和少女，她们的歌声
都是这么悲哀和伤感，
可那哀愁的调子却动人心弦。

十六

那美人儿小名叫作芭拉莎，
缝补浆洗样样都在行，

---

①这是当时的两首流行歌曲。

134

家务都由她一人操持，
账目也由她一手承当，
荞麦粥由她亲自烧煮
（这重要的活儿有个老厨娘
帮着干，她就是好心的大娘费克拉，
虽然她听觉不灵，嗅觉欠佳）。

十七

年迈的妈妈常坐在窗前，
白天她总把袜子编织，
夜晚则端坐在小桌旁，
摊开纸牌，做占卜的游戏，
她的女儿满屋子奔忙，
忽而在窗前，忽而在院子里，
街上的人谁乘车，谁步行，
她都看得清（真是个敏锐的女性！）。

十八

冬天百叶窗早早就关上，
但是在夏天，到入夜之前，
门窗都开着。苍白的狄安娜[①]
久久从窗口对着姑娘细看。
（每一部小说都要写到

---

①狄安娜：罗马神话中的月亮与山林女神。这里指月亮。

《科隆纳一家人》插图（1830）

这一点儿，这已经成了习惯！）
通常，妈妈的鼾声已打得山响，
而女儿却还望着月亮。

十九

听着阁楼上咪咪的猫叫
（不知羞耻的幽会的暗号），
还有远处守卫的吆喝。
时钟的打点。夏夜静悄悄，

笼罩着安谧的科隆纳，偶尔
有两个人影从邻屋溜掉。
听得见慵倦少女的心房
在隆起的衣衫下面激荡。

二十

每个礼拜天，不管严冬酷暑，
老寡妇总带着女儿上教堂，
她总站在人群的最前列，
伫立在唱诗班的左边，那一晌
我已不住在那里，但是
只要我睡着，忠实的梦魂便飞向
科隆纳，飞向波克罗夫，礼拜天
我总是到那里听俄国人的礼赞。

二十一

我记得有个伯爵夫人①也常常
上那里去（我已忘了她的姓名）。
她又有钱又年轻，走进教堂
总是威风凛凛，华贵雍容，
祈祷也神气活现（在这种场合！）。
说来罪过！我总是朝右边频频
瞧着她。芭拉莎本来就可怜，

①伯爵夫人：指斯特罗伊诺夫斯基伯爵夫人。她为了挽救破产的家庭，十八岁嫁给
　一个七十岁的富翁。

相形之下，显得更寒酸。

二十二

有时伯爵夫人会漫不经心
向她投去傲慢的瞥视。
可她默默而虔诚地祈祷，
仍然是那么专心致志。
她是那么温柔而谦逊；
而伯爵夫人则想着自己的事，
最新的时装使她沉醉，
还有她冷峻和高傲的美。

二十三

她是虚荣心的冰冷的化身，
这一点儿你们准能在她身上发现；
但是透过这高傲我洞察了
另一个方面：她郁郁寡欢，
强压着哀怨。对此，我深有了解，
它们吸引着我不由自主的视线。
但伯爵夫人并不知道这一点儿，
想必把我列入俘虏的名单。

二十四

她内心深藏着痛苦，虽然

年轻美貌，虽然过着奢侈
舒适的生活，虽然主宰着
福耳图那①，虽然世人惯于
对她阿谀奉承，但她是不幸的。
读者，您那刚结交的新知
芭拉莎，那淳朴善良的姑娘，
却要比她百倍地欢畅。

二十五

长长的发辫挽在牛角梳子上，
金黄的鬈发垂挂在耳边，
头巾在胸前打结或交叉，
纤细的颈项戴着蜡项链，
打扮很平常，但是黑胡子的
近卫军却徘徊在她的窗前，
姑娘没有华贵的衣装，
却教他们个个如痴似狂。

二十六

他们中间，谁更使她钟情，
或者她的心对他们都一样
冷淡？下面我们就会看到。
眼下她的日子还过得很平常，
无论是盛大的舞会，无论是

①福耳图那：罗马神话中的命运女神。

巴黎、皇宫，她都不向往
（虽然她的堂姐，宫廷总管夫人
维拉·伊凡诺夫娜就住在宫廷）。

二十七

突然，她们家遭到了不幸。
老厨娘去洗了一次蒸气浴，
回来就病倒了。虽然用茶，
用酒，用醋，用薄荷制剂
给她医治，但圣诞节前夜
她还是与世长辞，老寡妇母女
和她告了别。当天就有人跑来
料理后事，送她去奥荷塔①掩埋。

二十八

一家人都深深感叹，小猫
瓦西卡更是伤心，过后，老寡妇
想了想：两三天——可不能再长——
没有厨娘还可以对付，
长此以往，吃饭可就犯了难。
于是唤道："芭拉莎！""来啦！""何处
可以找到厨娘，去问问邻居，
要找到便宜的，可是不容易。"

---

①奥荷塔：在彼得堡郊区，有埋葬穷人的墓地。

二十九

"我知道，妈妈。"于是她裹紧外衣
跑出去（这是个严寒的冬天，
雪地沙沙地响，湛蓝的穹苍
万里无云，星光熠熠，寒光闪闪）。
老寡妇久久地等着芭拉莎，
瞌睡虫悄悄爬上她的眉间；
很晚了，芭拉莎才回到她身旁，
说道："我给你带来个新厨娘。"

三十

一个姑娘跟在她后面，
高高的身材，长得还端正，
身穿一条短短的裙子，
怯生生走出来，深深鞠个躬，
然后躲到墙角去，拉了拉围裙，
"要多少工钱？"老大娘问了一声。
"一切全听您的便。"那姑娘
回答得谦恭而又大方。

三十一

老寡妇对她的回答很满意。
"你叫什么名字？""玛芙拉。""玛芙拉，

好，就留在我家，亲爱的，你还年轻，
要躲开男人。过世的费克拉
在我这里做了十年厨娘，
是个安守本分的妇道人家。
要把我和我的闺女服侍好，
勤勤恳恳，别乱报开销。"

三十二

一天两天过去了，这厨娘
可真没有用：一会儿食物烧过火，
一会儿东西烤焦了，一会儿打翻
所有的碗碟，盐总放得太多。
坐下来缝补，却不会拿针，
你骂她，她一声不吭地坐着。
不管做什么，她都搞得一团糟，
芭拉莎怎么教，她也做不好。

三十三

礼拜天的早晨，母女俩都去
教堂做弥撒，玛芙拉一个人
在家里留下，你看，她整夜
闹牙疼，疼得她简直要发昏，
再说，还有肉桂要捣碎，
她还准备着烤甜点心。
只好把她留下，但是老大娘

在教堂里，心中突然发了慌。

三十四

她想："这个狡猾的玛芙拉，
为什么突然想烤甜点心？
她呀，看模样很像个骗子手！
是不是想偷东西把我们蒙混，
然后溜掉？我们还要穿着新衣
去过节呐！哎呀呀，多吓人！"
老大娘想到这里不知怎么好，
终于忍不住对着女儿说道：

三十五

"你待在这儿，芭拉莎，我要回家，
我觉得很可怕。"为什么她这样慌，
女儿闹不清。那老寡妇
三步并作两步跑出了教堂。
她的心怦怦跳，像面临着灾难，
回到家里，她急忙看看厨房，
玛芙拉不在。老寡妇走进房间，
怎么啦？天哪！多吓人的场面！

三十六

那厨娘端端正正地坐着，

对着芭拉莎的小镜刮胡子。
寡妇怎么啦？"哎哟哟，哎哟哟！"
她扑通一声跌倒了。那厨子
满脸涂着肥皂沫，看见她，
慌慌张张，从她身上跨过去
（全不顾寡妇的尊严），跑出了大门，
双手掩住脸，一个劲儿往前奔。

三十七

弥撒结束了，芭拉莎回到家。
"妈妈，什么事？""哦，我的芭拉莎！
玛芙拉……""她怎么啦？""我们的厨娘……
唉，我的脑子真是糊涂啦……
对着镜子……脸上涂满了肥皂……"
"什么，我一点儿也听不懂您的话，
玛芙拉在哪儿？""唉，她是个歹徒！
她在刮胡子！像我死去的丈夫！"

三十八

我们的芭拉莎是不是红了脸，
我可说不上，但是玛芙拉
从此不见了，没了踪影！
她走了，一点儿工钱也没拿，
也没闯下什么天大的祸事。

在那俏姑娘和老寡妇的家，
是谁接替了玛芙拉？我发誓，
不知道，我得赶紧结束这故事。

三十九

"怎么，难道就是这些？您开玩笑！"
"千真万确。""八行诗就这么回事！
那何必如此兴师动众，
召集一支大军，吹破了牛皮？
您选择的路子倒叫人羡慕！
是不是没有找到别的话题？
难道就没有一句警世箴言？"
"没有，也许有：让我想想看。"

四十

"我要说的是：依我看来，
想不花钱请厨娘，这很危险；
谁生来是个男人，却要穿上裙子，
打扮成女人，这未免怪诞
而枉然，总有一天，他要刮胡子，
这和女人的天性不相干。
此外，再没有别的含义，
请别在我的故事里寻根究底。"

（1830）

假如生活欺骗了你

导读

　　《科隆纳一人家》又名《科隆纳的小房》，是普希金1830年10月在波尔金诺写的，只用了五六天的工夫，于10月9日完成。有批评家不赞成普希金写这部叙事诗，他们要诗人为官方的题材服务，要他写一些合乎官方爱国精神的作品，而诗人却写出了这样一部似乎是"开玩笑"的长诗。普希金从皇村学校毕业后，曾在科隆纳这个地方住过，这部长诗就是根据那几年的印象写成的。

　　这部长诗有一个特色，即在开头几节写到当时的文学论争，以及普希金对于诗和文学的见解，类似于"以诗论诗"，增加了诗的知识性和趣味性，表明了诗人的"诗歌观"，后面写的寡妇和厨娘的故事，也正是在诗人的诙谐口吻中展开的。在诗的最后一节，诗人又强调"别在我的故事里寻根究底"，与诗的开头相呼应。

　　因此，读这样的"玩笑诗"，读者读得轻松，从字里行间的韵律和故事的一波三折（特别是喜剧性的结局：厨娘原来是儿郎）中获得精神上的愉悦，也是一种文学意义的审美。

叶甫盖尼·奥涅金（节选）

查良铮 译

献　辞

我不想取悦骄狂的人世，
只希望博得朋友的欣赏。
但愿我能写出更好的诗，
献给你——和你的灵魂一样，
也那么优美，那么纯真，
也充满了圣洁的思想；
更加以生动、明朗的诗情，
配得上你的崇高的形象。
可是，去吧——请带一点儿偏心
接受这一堆芜杂的篇章。
其中既有俚俗，也不乏高吟，
既半带诙谐，也半带感伤。
无非是任凭我的兴之所至
在自娱或失眠中草率写出。
这是凋谢的青春的果实：
里面有冷静的头脑的记录，
和一颗苦涩的心灵的倾诉。

普希金和奥涅金在涅瓦河畔，这既是长诗《叶甫盖尼·奥涅金》的插图，又是他的自画像。
他画了自己的背影（左）。1824 年 11 月初，他把这幅画寄给自己的弟弟，信中还做了说明。

第一章

活得匆忙，来不及感受。
　　　　——维亚赛姆斯基公爵[①]

一

我的叔父从不辜负人，
他真的病了，一点儿不含糊。
这样，他可才令人尊敬，
更妙的办法谁还想得出？
他这种榜样值得人模仿；
然而，天哪！可真煞风景：
整日整夜坐在病人的身旁，
你想离开他一步也不行！
为了敷衍那半死不活的人，
还得低声下气，装模作样。
给他把枕头摆摆正，弄弄方，
再满面愁容地端上药品，
一面叹气，一面暗中诅咒：
"怎么小鬼还不把你带走！"

二

就这样，年轻人坐着驿马车，

---

①维亚赛姆斯基公爵：诗人，普希金的挚友。

一面想，一面卷着尘土驰奔。
宙斯注定这荒唐的公子哥儿
是他亲族唯一的继承人。
呵，鲁斯兰和柳德米拉①的知交，
请你们容许我，这一刻
不扯闲篇先把主人公介绍，
然后再开始我这篇小说。
他是我的好友：奥涅金。
他出生在涅瓦河之滨。
亲爱的读者，你们也许
在那里生长，或者显赫，
我有一时也在那儿浪迹。
但北方对我并不适合。

三

他的父亲拿退职书回了家，
每年在家中开三次舞会，
经常挪借度日，终于无法
清还他的债务累累。
奥涅金受到"命运"的照顾：
起初是"马丹"②把他看管，

---

①鲁斯兰和柳德米拉：指普希金的第一首长诗《柳德米拉和鲁斯兰》中的主人公。
　这是一部关于骑士、少女、巫师的神话故事，胜在生动活泼的口语体语言，被认
　为是俄罗斯叙事诗中的第一部杰作。
②马丹：原文为法语 Madame，太太。

在《叶甫盖尼·奥涅金》诗稿上，普希金画了法国哲学家伏尔泰的形象，在该形象的上部又画了自己，模仿伏尔泰的样子，光秃秃的脑袋，没有一丝头发。

继而"麦歇"①取代了她的职务。

这孩子可爱但却贪玩。

"神父"先生，一个潦倒的法侨，

生怕他的学生感到苦恼，

一切避免严格的法规，

一半儿哄着，一半儿劝诱，

对他的顽皮只轻轻责备，

然后再领他到夏园②走走。

四

可是等叶甫盖尼逐渐发育，

澎湃着青春不安的热情，

心里交织着憧憬和抑郁，

先生就被撵出了门庭。

于是，从此，我们的奥涅金

就在社交场上崭露头角。

他的发式剪得最时兴，

他的衣着像伦敦的阔少，

他能用法文对答如流，

就是下笔也畅达无阻；

跳起"玛茹卡"③，妙曼轻柔，

---

①麦歇：原文为法语 Monsieur，先生。

②夏园：涅瓦河岸边的公园，其中有栖息着乌鸦的林荫道，有缺了鼻子的出自意大利的希腊众神的雕像。

③玛茹卡：发源于波兰的一种节奏轻快的舞蹈。

他的鞠躬是多么自如！
够了！上流社会一致鉴定：
说他是又可爱，又聪明。

五

一般说，我们都东遴西捡，
一鳞半爪地学一点儿皮毛，
因此，感谢上帝，谁也不难
把自己的学识向人炫耀。
奥涅金，据很多权威人士说
（自然，这意见有些苛求），
他们称赞他年少而渊博，
但却又嫌他过于学究。
他有滔滔不绝的口才，
对任何话题都应付自如。
每逢重大的争辩，他会面带
一种老练的、学者的肃穆，
而突然，俏皮地说句冷嘲，
使夫人和小姐抿嘴而笑。

六

现在，拉丁文已经过时，
因此，说老实话，他的拉丁
不多不少，刚刚够解释

卷首的题词、文章的篇名，

他也能谈起尤维纳利斯^①，

在信尾写上拉丁字"肃候"。

《伊尼特》^②史诗多少背一点儿，

虽然其中免不了遗漏。

对于过去历史的陈迹，

他并没有那么大兴趣

去翻动故纸堆里的灰尘，

然而，从罗慕路斯^③直到如今，

凡是名人的轶事和趣闻，

他都已一一牢记在心。

七

对于韵律，那高尚的娱乐，

他还不能驾驭，也认不出

什么是抑扬或扬抑的音格，

无论你怎样替他辩护。

费欧克利达^④令他厌恶，

荷马也不喜欢，却读得下

---

①尤维纳利斯：古罗马讽刺诗人，抨击皇帝暴政，讽刺贵族荒淫与道德败坏。尤氏
　有言："罗马兴于自由，而毁于奴役。"

②《伊尼特》：指古罗马诗人维吉尔的史诗著作，写特洛伊将领安基塞斯与爱神阿
　弗洛狄忒所生之子伊尼特在特洛伊陷落后的经历。

③罗慕路斯：罗马神话中的战神之子，罗马城的创建者。

④费欧克利达：古希腊诗人，始创牧歌（田园诗）。以《泰尔西斯》最为著名，对维
　吉尔及后来的田园诗文学有很大影响，大致相当于中国的陶渊明和王维。

亚当·斯密^①，因此，他是个
异常渊博的经济学家。
这就是说，他会对人议论，
说明一国怎样能致富：
它需要的并不是金银，
反而是什么"天然的产物"。
他的父亲越听越糊涂，
索性把田产一齐典出。

八

叶甫盖尼的学识是包罗万象，
请原谅我无暇一一缕述。
然而，他有个最大的成就，
那是他的天才、他的长处，
从儿时起，他就在钻研，
这是他的工作、痛苦和快乐，
它占去了他日夜的时间，
代替了他沉思郁郁的懒惰——
这学问就是：爱情的艺术。
它曾被奥维德^②化为歌颂。
为了这，那苦难的人被放逐
结束了灿烂而动荡的一生，

①亚当·斯密：被誉为经济学的鼻祖，著有《国民财富的性质和原因的研究》，简称《国富论》，对后世具有深远影响。
②奥维德：古罗马诗人，著有长诗《变形记》，以及《爱的艺术》《哀歌》等重要作品。

就在摩尔达维亚①的草原上，
诗人忍受着孤寂的流放。

十

很早他就会虚假和装样，
心头的意愿从不透露，
他会教人信赖，再使人失望，
他会装作悲哀或者忌妒。
你看他多么高傲，多么顺从，
多么屈意奉承，又多么淡漠！
忽而他懒懒地不做一声，
忽而热情迸发，口若悬河，
他的情书是多么一泻如注！
仿佛连自己都不放在心上，
呵，他只是爱你，为你而受苦！
他敏捷的眼神一会儿鲁莽，
一会儿羞涩、温柔，有时候
如果需要，他也会热泪倾流。

十一

他知道玩弄新的花招儿，
让天真无邪的心感到惊奇，

---

①摩尔达维亚：东欧历史区域名称，包含如今的罗马尼亚、摩尔多瓦共和国及乌克
兰三国部分领土。

他会以绝望吓人一跳，
也会用阿谀讨人欢喜。
他会趁着情感脆弱的时机，
以机智和热情、微笑和温柔，
让稚弱的心，不自主地
解除了她的防范和娇羞。
他等人对他亲热和爱抚，
他要你吐诉真心，以便聆听
这心灵的初次表白，并迅速
获得了密约、幽会和谈情……
而随后，再一次秘密地会晤，
他会默默无言地让她清醒！

十五

经常是，他还懒懒地高卧，
信函和短简已送到床边。
怎么？又是邀请？老实说
已经有三家都在同一天：
不是跳舞，就是庆祝一晚上。
我们的公子到哪里去胡缠？
先去看谁？左右都一样，
反正到哪里都不会嫌晚，
而暂时，他穿上午前的时装，
戴上宽边的玻利瓦尔呢帽①。

---

①玻利瓦尔呢帽：一种呢子宽边帽，帽檐上翻，1819年前后流行于巴黎和彼得堡，
　特别是自由派人士之间（普希金原注）。

他出去散散心，安闲游荡。

在那宽阔的林荫大道，

他总要逛到吃饭的时候，

等怀表一响，才往家里走。

十六

天已黄昏，他坐雪橇出行。

"让开！让开！"一路上叫嚷，

围在胸前的水獭皮领

满铺着冰粒，闪着银光。

他飞快地奔向泰隆饭店①，

他想卡维林②已在那儿等候。

走进去：瓶塞飞向天花板，

"流星"酒③的浆液闪闪地流。

侍役端来嫩红的烤牛排，

还有蘑菇，青年人的宠幸，

还有最精美的法国大菜，

和新鲜的斯特拉斯堡④馅饼，

林堡⑤的干酪，金黄的菠萝，

---

①泰隆饭店：著名饭店（普希金原注）。

②卡维林：普希金之友，骠骑兵。普希金曾经如此描述他：在他身上总是沸腾着拳头和斗志的热力，他在战场上是一位勇猛的战士；在朋友们中间，是一位忠实的友人；是美人们的苦恼：不论哪里都是一位骠骑兵！

③流星酒：指1811年的香槟酒，这一年有彗星过地球。

④斯特拉斯堡：位于法国东部地区，以产鹅肝闻名。

⑤林堡：位于比利时，以产林堡奶酪闻名。

各色的美味摆满了一桌。

十七

他一杯又一杯，用酒的渴望
浇下炙热而油腻的烤肉。
胃口真不错，可是表一响：
呀，又到了看芭蕾舞的时候。
奥涅金，这号令剧坛的魔王，
这随便出入后台的贵宾，
迷人的女角他都要捧场，
却是三心二意，花样翻新。
现在，他就向剧院驰奔，
去享受一点自由的熏陶，
何况给舞蹈鼓掌又很时兴，
如果高兴，对谁喝个倒好，
或者就高呼心爱的女星
（只为了让自己给人听到）。

十八

呵，迷人的剧坛！很久以前
那自由的朋友，辉煌的冯维辛[①]，
曾以大胆的讽刺鳌头独占。

---

①冯维辛：俄国剧作家，著有喜剧《纨绔少年》。

继而有善于模仿的克涅斯宁①，
还有奥泽洛夫②，和年轻的艺人
西敏诺娃③，不知引起多少掌声
和眼泪，使他们俩秋色平分。
是在这里，我们的卡杰宁④
使高乃伊⑤的天才重新照耀；
是在这里，尖刻的沙霍夫斯科⑥
以喜剧引起了人们的哄笑，
狄德娄⑦在这里名扬俄国。
呵，是在这里，在幽暗的厢座，
我青春的日子轻轻飘过。

十九

我的女神呵！你们在哪里？
你们可听见我抑郁的呼唤？
虽然已有少女把你们顶替，
是否你们仍不可能替换？

---

①克涅斯宁：俄国剧作家，"善于模仿"指克涅斯宁的作品多处借用法国戏剧。
②奥泽洛夫：俄国剧作家。
③西敏诺娃：俄国演员，普希金认为奥泽洛夫的文学成就仰赖于西敏诺娃杰出的表
　演功力。
④卡杰宁：俄国作家，十二月党人。
⑤高乃伊：法国剧作家。卡杰宁翻译过高乃伊的著作《西拿》和《熙德》。
⑥沙霍夫斯科：俄国剧作家，认为喜剧应力求尖刻。
⑦狄德娄：芭蕾舞导演，法国人，在彼得堡因其"浪漫主义的想象力"而被称作"芭
　蕾舞界的拜伦"。

我能否再听到你们的演唱？
呵，俄罗斯的舞蹈的女神，
我能否再看到你轻灵的翱翔？
对着这枯索的舞台，难道人
拿着望远镜，无论怎样观看，
却只有幻灭，像处身异域中，
只有陌生的跳闹，令他厌倦，
却再也看不见熟悉的面孔？
难道我只能一面看，一面呵欠，
默默地回想过去的光荣？

二十

戏院满是人，包厢好辉煌，
池座和雅座沸腾着人声，
楼厢四处不耐烦地鼓掌，
帷幕"吱呀"地缓缓上升。
呀，你看那伊斯托敏娜[①]
灿烂夺目，神仙似的轻盈，
她听从着琴弓的魔法，
一群仙女把她围在当中。
你看她一只足尖点在地上，
另一只脚缓缓地旋转，
忽而扬身纵跃，忽而飞翔
像一根羽毛给吹到半天。

---

①伊斯托敏娜：芭蕾舞演员，狄德娄的学生。

她的腰身旋过来，旋过去，
她的脚在空中敏捷地拍击。

二十一

全场在鼓掌。奥涅金进来
碰着人脚，从雅座穿着走，
他用高倍望远镜一排排
瞟着包厢中不相识的闺秀；
层层的楼厢无一不打量。
一切：女人的容颜、首饰、装束，
都使他感到可怕的失望，
这才和男人点头招呼，
和熟人寒暄已毕，他的视线
最后懒懒地落到舞台上。
接着扭转身，打了个呵欠，
喃喃说："怎么还不换换花样？
我早就腻了芭蕾舞，我的天！
就是狄德娄也令人厌倦。"

二十二

那些魔鬼、小爱神和妖怪
还在戏台上喧嚷和纵跳，
前厅的仆人早就无精打采，
正靠着主人的皮衣睡倒。
你听到忽而嘶喊，忽而鼓掌，

顿足的声音响个不停，
咳嗽和擤鼻涕震动了全场，
里里外外，灯火正照得通明。
门外的马儿，冻得难受，
在马具下不安地嘶扭，
一群马车夫还正围火取暖，
一面咒骂主人，一面搓手——
这时候，奥涅金却已离开戏院。
他正赶着回家，更换行头。

二十三

我可要在一幅真实图画中
向您描绘一下他的研究室？
是在这里，这时尚的高才生
把衣服脱了又穿，试了又试。
凡是伦教服饰店出售的货——
换去了多少树木和油脂，
都已经由波罗的海的浪波
运到这儿，让公子哥儿赏识。
凡是巴黎难填的审美力
为了人们的消遣和娱乐，
为了排场和时髦的奢靡，
苦心发明的赚钱的货色——
呵，请看十八岁的圣人的天才：
是这一切装潢了他的"书斋"。

二十四

这里有土耳其的琥珀烟嘴，
桌上陈列着青铜和瓷器，
雕花的水晶瓶里装着香水
散发各种香味，令人神迷。
这里有各种发梳和钢锉，
剪子有的弯曲，有的笔直，
刷子大概三十种，并不算多，
分别应付了指甲和牙齿。
卢梭①（我想要顺便提一下）
曾经纳闷：为什么名贤格利姆②
竟敢面对着他修饰指甲，
对着他——这善辩的狂夫！
他卫护自由和正义，固然可敬，
但对于这件事却毫不聪明。

二十五

通达的人，我们承认，也能够
想法子使他的指甲美丽，
为什么你偏要和时代别扭？
习俗原就是人们的法律。

---

①卢梭：法国思想家、文学家，著有《社会契约论》、小说《爱弥尔》、自传《忏悔录》，
　对法国大革命和欧洲浪漫主义文学产生深远影响。
②格利姆：法国百科全书编纂者。

我的叶甫盖尼是恰达耶夫①一流，
因为他害怕挑剔和闲言，
所以在衣饰上极力考究，
你可以说，他是个纨绔少年。
每一天至少三个小时
他要消磨在镜台前面，
一切完毕，这才走出梳妆室，
好像是维纳斯②出现在人间！
你看这女神穿上了男装
翩翩地来到化装舞会上。

二十六

好奇的读者呵，对最近的时尚
我想在这里已让您饱读。
对于学术界，底下的文章
似乎该描写他的装束；
自然，这描写是在我分内，
可是我斗胆也难以写出！
因为至今，我们的俄文词汇
就没有"坎肩""长裤""燕尾服"。
而且我看到，很对您不起，
让您读这种拙劣的文体：
许多外国字，弄得凌乱不堪，

①恰达耶夫：普希金友人，以衣着讲究著称。
②维纳斯：罗马神话中爱与美的女神。

本来也可以大大地缩减；
虽然，很早我也曾翻遍
那本科学院的俄文大辞典。

三十五

然而，我的奥涅金怎样了？
从舞会回来，半睡半醒，
他刚刚上床，外面鼓在敲，
彼得堡又开始了匆忙的日程：
商人起来了，街上走着小贩，
马车夫赶忙去到停车场，
近郊的女郎匆匆携着罐，
踏着清早的雪，沙沙地响。
早晨的声音都愉快地苏醒。
百叶窗打开了，住宅的烟
卷卷的蓝柱飞上半空，
那戴棉帽的德国人的面包店
又准时开了张，从门窗口
把他的面包向顾客出售。

三十六

舞会的一夜笑闹和喧嚷
已经使公子哥儿异常疲倦，
因此，这一整个的早上，
他变为午夜舒适地安眠。

直到下午，他才起来梳洗，
周而复始，再到次日天亮。
今天和昨天没有差异，
一样的单调，一样的繁忙。
天天在游乐，随心所欲，
情场的胜利足够他夸口。
然而，我的奥涅金可真感乐趣？
这黄金的岁月有没有烦忧？
在筵席上，他豪饮而愉悦，
他的心里可真是那么安憩？

三十七

不是的，他的感情早已冷却，
世俗的烦嚣已使他厌倦，
没有一个美人能把他吸引住，
或长久占据他空虚的心坎。
约会也逐渐没有味道，
更不用说良朋和友情；
因为日久天长，他忍受不了
把牛排和斯特拉斯堡馅饼
浇着香槟酒向胃里输送；
连俏皮话也不太能开胃，
因为有时候，他会头疼；
而终于，这标准的荒唐鬼
即使对于刀枪和决斗，
也是一点儿兴趣没有。

三十八

究竟是什么毛病？这值得
我们及早地查一下原因。
它很像英语所说的"脾火"①，
总之，是那俄国人的郁闷
多多少少地侵蚀了他。
活与不活，仿佛都不在意，
感谢上帝，他倒没有想自杀，
因为这件事也有点费力。
你看他一家一家去游荡，
像个哈罗德②，到处懒洋洋，
郁郁寡欢地坐在客厅里；
任你摊开牌桌，飞短流长，
任女人顾盼，调情地叹息，
他都恹恹地毫不注意。

四十二

呵，怪癖的、喜怒无常的贵妇！
他首先把你们甩在一边！

---

①脾火：英文原文为 spleen，也译为"忧郁"。
②哈罗德：拜伦《恰尔德·哈罗德游记》的主人公。19世纪初世界文坛出现了一批
　文学著作，它们都刻画一种"忧郁型"的人格，包括英国拜伦的哈罗德、俄国普
　希金的奥涅金、法国夏多布里昂《勒内》中的勒内和法国缪塞《一个世纪儿的忏
　悔》中的沃尔夫，他们的忧郁症又被统称为"世纪病"。

的确，我们这时代的上流人物
真是俗不可耐，令人生厌。
偶尔也许有一两位夫人
从萨伊①或边沁②找出话题，
但一般说来，她们的议论
虽然无邪，却都是胡言乱语；
还要板着一本正经的脸，
步步循规蹈矩，全身都是美德，
多么高不可攀，多么壁垒森严，
呵哈，哪个男子敢不退避三舍！
谁要想亲近，只看上一眼，
她们准能引起你的"脾火"。

四十三

还有你们，呵，漂亮的小姐！
在深夜，在彼得堡的街心
你们的马车像风扫落叶
飞快地驰过，但我的叶甫盖尼
就对于你们也落落无情。
这个花天酒地的老手
如今退了场，闭门家中，
却忽然动了写作的念头。
拿起笔来，打了个呵欠：

---

①萨伊：法国大革命时代的政治经济学家。
②边沁：英国法理学家、功利主义哲学家、经济学家和社会改革者，和萨伊同时代。

正经的工作也使他厌烦。
写了半天，还是毫无结果，
因此，他还没有当上文会会员，
傲慢的文会我不能说错，
因为我也是其中一个。

四十四

就这样，又无所事事地闲荡，
灵魂里仍旧感到空虚。
奥涅金的雄心值得人夸奖：
他忽然想到了"开卷有益"。
一架子的书，分门别类地看，
他读着，读着，毫无兴味。
不是信口胡诌，就是谎话连篇，
有的没头脑，有的没心肺，
本本是俗套，一切囿于成见，
新曲不过是老调的重弹。
越读越腻，于是他打住，
让一架子书，在灰尘里安睡，
前面遮上了永诀的帷幕，
和女人一样，从此不再理会。

四十五

交际场上的繁文和缛节
我也同样地不能忍受，

和他一样，也把浮华谢绝，
于是我们变成了朋友。
我爱他的沉思的味道，
他那毫不做作的怪癖，
他有冷静而敏锐的头脑，
我怀着愤慨，他有些抑郁。
我们都经历了情海的浮沉，
而且厌倦了生活这舞台，
我们的心早已烧成灰烬，
就在生命之晨，已在等待：
或是人世的恶意的欺凌，
或是命运的盲目的安排。

四十六

只要谁生活过，又能想一想，
他就会冷冷地藐视世人，
只要谁有感情，过去的幻象
怎能不烦扰他的心神：
往事的回忆，带着悔恨，
是一条毒蛇在心里噬咬，
你怎能再有美丽的憧憬？
就是这种种，每次提到
都使我们谈得更契合。
奥涅金的口吻有些刻薄，
起初令人不安，但后来

我也就听惯他那种针砭，
那俏皮的机智暗含着愤慨，
他的笑语里一半是辛酸。

四十七

常常，在安静的夏夜，
当涅瓦河上的天空
柔和而透明，清光如泻，
而愉快的水面的明镜
还没有映出狄安娜的面影，
我们一面以默默的呼吸
把夏夜的幽香恣意啜饮，
一面想起了往日的艳绩，
那遥远的恋情又兜上心头，
令人既伤感而又忘忧。
仿佛一个梦中的囚徒
越出监牢，蹀入绿色的森林，
我们随着幻想的飘浮
游进了年轻的生命的早晨。

四十八

叶甫盖尼往往倚着花岗石栏
默默无言地望着河流，
像一个诗人描绘的那般，

他的心充满了哀愁。

四周静悄悄，偶然响起

岗哨彼此传呼的声音。

突然马车嘚嘚地打破沉寂，

从遥远的市街传来回音。

也有时，一只小船摇着桨

划过眼前沉睡的水面：

那角笛声和豪迈的歌唱

吸引着我们，逐渐邈远……

自然，有时候，我们也歌吟

塔索①的诗行，更令人忘情！

四十九

呵，亚得里亚海②的波涛！

呵，布伦泰河③！我多么渴望

看见你，并且再涌着心潮

听你迷人的声音荡漾！

那声音，对于阿波罗④的子民

是多么亲切、神圣！我已经

---

①塔索：意大利诗人，文艺复兴运动晚期的代表。威尼斯的船夫歌唱塔索的诗，曾
　经风行一时。

②亚得里亚海：地中海的一部分，位于亚平宁半岛和巴尔干半岛之间。布伦泰河流
　经威尼斯。拜伦《恰尔德·哈罗德游记》有句"幽暗的布伦泰河轻流"。

③布伦泰河：意大利北部的河流，最后注入亚得里亚海。

④阿波罗：希腊神话中的光明之神，主管音乐、舞蹈、诗歌和灵感。

从阿尔比安①骄傲的竖琴
把你的乐声听了又听！
我愿意在意大利，尽情地
享受它温柔的、金色的夜晚，
在神秘的画艇跟威尼斯少女
一会儿沉默，一会儿会心地闲谈，
我的嘴唇将向她学习
彼特拉克②和爱情的语言。

五十

可到了我的自由之时？
自由！自由！我不断向它呼喊，
我在海岸徘徊，等待天时，
我招呼每一只过路的船帆。
什么时候我才能获得自由
逃上那茫茫无际的海路，
站在风暴里，和巨浪搏斗？
去吧！离开这乏味的国度
和险恶的气候，我要浮过
南海的浪涛，在我的非洲③的
赤热的天空下，想着俄国。

---

①阿尔比安：指英格兰或不列颠，源自希腊人和罗马人对该地的称呼。这里专指拜伦。
②彼特拉克：意大利诗人与学者，被认为是人文主义之父，以十四行诗著称于世，
 有"诗圣"之称。
③我的非洲：普希金的母亲有非洲人的血统，普希金常以此为傲。

我将为它沉郁的土地叹息：
是在俄国，我爱过、痛苦过，
是在那儿，我的心早已埋去。

五十一

我和奥涅金原来的意图
是同到遥远的异邦游历，
但命运由不得我们做主：
转瞬间，我们已各自东西。
奥涅金的父亲忽然去世，
留给他一群无餍的债主。
他们围住了他，各有说辞
和智谋，使他难以应付。
但奥涅金却能乐天知命，
索性将财产交他们处理。
因为他厌恶纠缠到法庭，
何况这遗产并不在他眼里：
也许因为他早就算定
年老的叔父要一命归西？

五十二

果然，不久他忽然接到
总管的告禀，打开一看：
叔父卧病在床，不会久了，

很想在死前和他会见。
奥涅金读过了这告急的信，
立即坐上驿马车，刻不容缓，
为了财产飞快地驰奔。
但走了不久，又在打呵欠；
因为他想到：这事够无聊，
他必得虚情假意，唉声叹气
（这，我在小说开头已提到）。
然而，等他奔到叔父的村里，
却看见叔父正要进棺材——
等着入土，了却生命的宿债。

五十三

他看见院内满是听差，
还有吊丧的朋友或世敌，
都从四面八方特地赶来，
谁不喜欢参加个葬礼？
死人埋过了，宾客和神父
高高兴兴地坐上了酒席，
吃过，喝过，好像办完正务，
这才郑重告别，各自回去。
于是，我们的奥涅金就当上
庄园的主人：河水、酒坊，
树林和田野，都归他支配。
这浪子虽然是放荡成性，

却也高兴生活换个口味：
现在，他要试试另一条途径。

五十四

头两天，一切都新鲜不同，
他好奇地望着寂静的田野，
他爱那茂密的丛林的幽冷，
和小溪的清波的喋喋。
到第三天，兴致大为减少：
看着树林、田野、丘陵的起伏，
他就想着应该去睡觉。
而这以后，他完全清楚：
尽管没有诗文和牌戏，
没有大街，府邸、舞会和宴饮，
乡村的生活也令人厌腻。
就在这里，"抑郁"这毛病
像是影子，或忠实的发妻，
也守着他，追着他，把他跟定。

五十五

平淡的生活是我的理想，
乡间的幽静对我最适合，
我的琴声在这里才最响亮，
幻想才飞扬，梦境才蓬勃。

我愿意享受恬适的闲情，
无忧无虑地在湖边漫游，
"无所事事"是我的座右铭，
就是它，每当早晨醒来后，
把我一天的日程规定出：
要少读书，多多地睡眠，
浮世与虚名任由它飘忽，
我要的只是舒适和懒散。
过去那些年，可不是如此
我度过了幸福的日子？

五十六

呵，田野、乡村、闲暇、爱情
和鲜花！多么令我神往！
我愿意随时向人指明：
奥涅金和我并不一样。
假如聪明的读者已经暗笑，
或者哪一个巧妙的诽谤者
牵强附会地把我和他对照，
而从这里看出了我的性格，
我请您，看在上帝的面上，
别再说吧：像骄傲的拜伦，
我是在涂抹自己的肖像——
仿佛我们绝不会写别人，
每写一首诗，它的主人公

必定就是作者的自供。

五十七

一般诗人，顺便提一句，
都喜欢沉入爱情的冥想，
和他们一样，我常常地
在梦中看到美丽的形象。
于是就在深心里珍藏
那些飘忽的记忆和印痕，
然后缪斯使她们活跃纸上：
萨尔吉尔河边的女囚人①
和那山峦的女儿②，我的理想，
就这样化成了无忧的歌唱。
最近，我的朋友，你们不断
这样问我："你的琴是为了谁
而发出歌吟？那群忌妒的莺燕
哪一个引动了你的感喟？"

五十八

"是谁的顾盼激起了灵感，
用柔情酬答了你的歌声？
你的诗句沉郁而又缠绵，

---

①萨尔吉尔河边的女囚人：指诗人的《巴奇萨提的喷泉》中的被俘少女玛丽亚。
②山峦的女儿：指诗人的《高加索的俘虏》中的切尔克斯少女。

究竟是把谁永恒地歌颂？"
呵，朋友！实则并无其人！
我爱过，爱情的剧烈的痛苦
不停地煎熬过我的心。
有一种人，我时常羡慕：
他把旋律的热狂织入悲哀，
越是痛苦，他的诗就越工整，
他不但宣泄了自己的心怀，
而且是继承彼特拉克的传统
获得了诗名。然而我
却爱得愚蠢，爱得沉默。

五十九

爱情逝去了，出现了缪斯，
昏迷的神志开始清醒。
这时，我才又舒展，想编织
思想、情感和迷人的乐声。
我写着，但内心已不复悲伤，
我的笔茫然地停在中途，
就在那诗句中断的地方
女人的头脚一概画不出。
谁能让死灰重新燃烧？
我已经没有泪，只有抑郁，
而那残余的心灵的风暴
也很快、很快就要平息：

是在这期间，我摊开稿纸，
想写它一篇二十五章的诗。

六十

全篇的计划粗具规模，
主人公也已有了名姓，
就这样，我这篇小说
开了头，第一章已经完成。
我严格地审视一下内容，
里面的矛盾可真不少，
然而，我并不想把它改正，
你得尊重检查的律条。
那么，我心血的果实，去吧，
我把你交给了批评家；
去吧，你初出茅庐的作品，
把足迹遍及涅瓦河滨，
请为我赢得荣誉的供奉：
那无尽的歪曲、叫骂和闹声！

第二章

噢，乡村！

——贺拉斯《噢，露西亚！》

一

奥涅金活腻了的那个乡村
风景优美，荒远而僻静，
谁若对田园的生活倾心，
准要感谢苍天，能在这里过一生。
山峰屏障着庄主的府邸，
一条小河绕过它前面，
它幽僻避风，览入眼底的
是远远一片金黄的农田，
草野的花儿开得色彩缤纷；
稀疏的农舍掩映在树丛间，
吃草的牛羊三五成群，
傍近有一处荒芜的大花园，
繁茂的树木铺下了阴影。
是沉思的森林女神的仙境。

二

这座大厦像一般的宅府，

稳固的样子令人起敬。

它坚实、肃穆，整个的建筑

表现了古代的风格和匠心。

房屋异常高大，在客厅

壁炉上嵌着各色瓷砖，

墙壁当中是帝王的悬影，

四壁裱糊着锦绣的花缎。

现在，这一切都褪了颜色，

任它破旧，我不知道为什么，

然而，在我这位朋友看来，

整理不整理，倒不怎样重要，

因为他总归是无精打采，

无论客厅是漂亮，还是古老。

三

在他那卧室里，老乡绅①曾经

整整消磨了四十春秋，

或望着窗外，或拍打苍蝇，

或者把女管家狠狠诅咒。

一切都很朴素：橡木地板、

羽毛卧榻、桌子、两张柜橱，

墨水的污渍哪儿都不见。

奥涅金翻了翻柜中的杂物，

在一个柜里，是本流水账；

---

①老乡绅：指奥涅金死去的伯父。

而另一个：果酒琳琅满目。
还有高坛果子汁在案上，
和一本 1808 年的历书。
显然，老人的事情已经够忙，
再没有工夫看什么读物。

四

奥涅金对着自己的田庄，
起初，仅仅是为了消磨
无聊的时间，他在设想：
怎样给它建树新的规格。
于是这偏远一角的圣贤
就把古老的徭役制度①
改为赋税，减轻农奴的重担，
农奴高兴得给他祝福。
然而他的会算计的邻居
觉得这办法有害而无利，
私下里对他怒气冲冲，
有的笑了笑，认为他糊涂。
无论如何，大家异口同声：
都说他是个危险的怪物。

五

一起头，邻居常来到他家。

①徭役制度：指农奴为地主服役。

然而，自从他的后门旁
时常备好了顿河的快马，
只要他听见大路的远方
乡间的马车吱扭地响，
他便骑马飞快地逃去——
这举止实在把人刺伤，
因此，近邻都和他断了关系，
一致认为："我们的邻居
是个狂夫，一点儿也不懂礼，
他一定是个共齐会①党徒。
他独自喝着一杯杯红酒；
总不带敬意说'是'，或'不'；
也从不吻一吻夫人的手。"

六

这时，又有个地主乘着车
也飞奔来到自己的庄园，
同样的，他也没有逃过
邻居们的挑剔和针砭。
他叫伏拉狄密尔·连斯基，
是康德的信徒和诗人，

---

①共齐会：应是共济会。这里是地主误读了，显出他们的无知。共济会是一种西欧
　的宗教秘密组织，传入俄国后，曾被当时的先进青年用来宣传反沙皇思想。因此
　一般人认为共济会员是危险人物。1821 年，亚历山大一世下令禁止共济会。

有着被哥廷根^①大学培育的
一颗心灵，又少年而英俊。
是从那雾气弥漫的德国
他带来了智慧的花果：
他有着向往自由的幻梦，
奇异的神采，兴奋的谈话，
他有着永远非凡的热情，
和垂到肩的黑色的卷发。

七

上流社会的腐败和冷酷
还没有枯竭他的心灵，
友情的殷切，少女的爱抚，
还一样点燃他的热情；
他的赤子之心在无知中
还在闪着希望的光辉，
这世界新奇的灿烂和喧声
使年轻的神志不由得迷醉。
假如他怀着什么疑虑，
旖旎的梦想常使他忘记。
我们的生命是为了什么？
这对他是个不解的谜，
他常常费力去想，而且推测
也许有一天会出现奇迹。

---

①哥廷根：德国城市。1737年哥廷根大学成立，从此闻名欧洲。

八

他相信：在这宇宙间
有一个和他切近的精神，
它时时都在不安地想念
要和他的灵魂合为一身。
他相信朋友都肯为了他
而甘心坐牢、戴上枷锁，
他们连手也不会颤一下
就去诛戮诽谤他的家伙。
他认为：有些人命中注定
该去从事神圣的伟业，
这些不朽的、人类的救星
将不可抗拒地光照一切。
总有一天，我们会得到光明；
而他们把幸福给予世界。

九

他很早便倾慕真、美、善，
那高贵的愤怒、悔恨的绞痛，
那美名的苦恼和甘甜，
早就激动过他的心胸。
他携着竖琴到处浏览；
在歌德和席勒①的天空下

---

① 席勒：德国浪漫主义诗人、作家。

他停住，拨弄自己的琴弦，
他们的诗魂的火点燃了他。
呵，命运的宠儿！他的诗句
绝没有辱没缪斯的高曲，
总骄傲地保持艺术的美，
他的情感永远是那么高贵。
而在他蓬勃的幻想里
有着处女的单纯，令人陶醉。

十

他所侍奉的、他的赞诗
唱也唱不完的，是爱情。
他的歌纯洁得像少女的情思，
澄澈而明朗像婴儿的梦，
又像是隐秘和轻叹的女神：
幽静的明月在无垠的天空。
他歌唱别情和抑郁的心，
那若有若无的缥缈之境；
他歌唱着浪漫的玫瑰花
和他飘零过的遥远国度：
是在那里，他的热泪倾洒，
寂静而长久地忍受着孤独，
差不多十八岁，他歌唱着
生命凋谢的暗淡的花朵。

十一

在这村野里，只有奥涅金
能够赏识他的才华。
邻居的宴会和那群乡绅，
对于他简直是味如嚼蜡。
他躲避他们嘈杂的谈话，
每人一本经，真令人厌腻：
不是谈酒，就是谈庄稼，
或者谈狗，或者谈亲戚。
自然，这种务实的言谈
既没有才华，也没有机智，
更没有诗的炽热的火焰，
也没有社交生活的雅致。
然而，乡绅太太们聚在一起，
她们的絮叨就更无趣。

十二

连斯基既漂亮，又有钱，
早被公认为上乘的女婿。
凡有女儿的，都在盘算
怎样俘获这欧化的邻居。
这本是我们乡间的习尚。
无论他到哪里——主人
立刻把话题转了方向：
先慨叹独身生活多么苦闷，

然后给客人端来茶炊，
于是杜妮亚出来斟茶倒水，
偷偷对她说："杜妮亚，注意！"
最后拿出吉他，为客人奏一曲，
她尖声地叫着（我的天！）
"来吧，请来到我的金殿！……"

十三

然而，你可以想见，连斯基
还不想拖着婚姻的锁链。
他和奥涅金已经熟悉，
他渴望友谊更深地发展。
他们结交起来。这两个人
比岩石和浪花、冰和炭、
诗和散文，还更有区分，
没一件事有相同的意见。
起初，他们彼此感到厌烦，
但渐渐地，开始有点儿欢喜，
以后每天骑着马见面，
两个人很快就形影不离。
就这样，人们（我得首先点头）
由于无所事事，成了朋友。

十四

但在这时代，在我们中间，

连这种友谊也不易寻找。
我们看自己极重，不带偏见，
而别人——全都微不足道。
我们都仿效拿破仑，自然，
谁有感情就是野蛮和俗气，
而那些两脚动物，成千上万，
不过是作为我们的工具。
一般说，奥涅金比许多人
更有涵养，固然，他早已看穿
而且藐视纷纭的世人——
但是（哪个法则能一成不变？）
他对有些人却很不同，
他也很尊重别人的感情。

十五

他总是含笑听着一段段
连斯基的热情的议论。
诗人的头脑固然有些纠缠，
但那是多么激动的眼神！
这一切对奥涅金都很新鲜，
他听着，有些扫兴的言论
想要说出，却又留在唇边。
他心想：我何必那么愚蠢
打扰他的短暂的欢乐？
现在，且让他幸福地过活，

总有一天，他会自己清醒。
且让他相信世间的美满，
哪个青年人不燃烧着热情？
而且由于热情，胡话连篇？

十六

他们两人的谈话一深入
往往引起沉思和争辩。
他们谈着过去的各民族，
战争、协议和永恒的偏见，
善和恶，当代科学的成果，
还有坟墓的可怕的秘密，
还有命运，和生命的反搏——
这一切都成了讨论的话题。
年轻的诗人越谈越激昂，
就要忘情而兴奋地朗诵
北方诗歌①的几个断章，
奥涅金虽然不太听得懂，
却不愿辜负友人的诗兴，
仍旧耐心地静静聆听。

十七

但是，我们这两个隐士
却更常常地谈到情欲。

①北方诗歌：指俄国诗歌。

奥涅金提起那紊乱的情丝
不禁惆怅地轻轻叹息。
谢谢天，谁要能一刀剪断！
那经历过情海沧桑的人
有福了，如果终于到达彼岸；
但更好的是从不为此伤神：
别离能使爱情冷到冰点，
恨化作诽谤，心里就舒服；
他对朋友和妻子打着呵欠，
从来没感到忌妒的痛苦；
就是祖先的遗产也很安全，
从没有到牌桌去受风险。

十八

有时候，我们像溃败的兵
逃到理性的旗下，寻求平静，
当热情的火焰已成灰烬，
而我们看着以往的任性
或热情的冲动，都变为可笑，
并过迟地节制着自我反应——
这时，别人的爱情的波涛
我们往往喜欢拾来聆听。
他的故事，他那激动的言语
会轻轻地煽动我们的心，
我们会像一个被人遗忘的
住在陋室里的残废的老兵，

渴望听听小伙子的经历，
好回忆一下自己的战绩。

十九

另一方面，热情的青年
也不能够把心怀隐藏，
爱和恨，忧郁和喜欢，
他要说出来才感到舒畅。
奥涅金以情场伤员自居，
因此，他往往满面严肃，
听着我们的诗人连斯基
将自己的心怀一一倾吐。
他愿意袒露自己的心，
他多么单纯地信任别人！
奥涅金把友人的全部情史
很快就知道了，毫无困难；
这自然是有血有泪的故事，
但对于你和我，却太不新鲜。

二十

呵，是的，他爱着，那种爱
早已不适于我们的年龄，
我们认为，只有诗人
能有那样疯狂的感情：
无论何时何地，不改初衷，

只有一个梦想，一个心愿，
无论多么远，它不会变冷，
无论分别已有多少年，
一种忧郁永远留在心坎。
不管他怎样向缪斯供奉，
不管有多少娇美的容颜，
多少学识，多少欢笑的人声
也不能改变诗人心里的
那炽热的初恋的沉迷。

二十一

还在童年，他幼小的心
便已经倾慕了奥丽嘉。
那时候，还不知苦于热情，
他只高兴伴着她玩耍。
他们常常一起走进树林，
在林荫里游荡和嬉戏。
两个老邻居，他们的父亲，
早已看出这是一对小夫妻。
这女孩子就在乡野间，
在小小的家园逐渐长大，
她天真妩媚，被父母照管，
像是幽谷中的一朵百合花：
蜜蜂和蝴蝶都还不知道，
周围掩盖着密密的野草。

二十二

她给年轻的诗人的赠礼
是初次的热情的美梦；
由于思念她，他的芦笛
第一次发出委婉的歌声。
永别了，黄金时代的嬉戏！
现在，他爱在密林里游荡，
他爱孤独、黑夜和幽寂，
他爱夜空的星星和月亮——
呵，月亮，这天上的明灯，
是对着你，我们在夜色中
独自徜徉，并且流洒着眼泪，
那隐痛的心灵的慰藉……
可是如今，人们却觉得
你只是昏黄的路灯的代替。

二十三

奥丽嘉谦和而且柔顺，
她闪耀着清晨的欢欣，
像诗人的生命那样真纯，
和爱情的吻一样迷人。
她的眼睛是天空的碧蓝，
声音和举止无一不可爱，
她棕色的卷发，她的笑脸，
还有她那轻柔的体态……

这一切——但哪本言情小说中
不是描绘这样的女主人公？
她很可爱，以前我也钟情，
可是现在却非常厌腻。
亲爱的读者，如果您高兴，
我要把她的姐姐提一提。

二十四

她的姐姐叫塔吉亚娜……
对于言情小说的女主角
我们竟以这样的名字描画，
也许您还是第一次碰到。
但有什么关系？这个名字
我喜欢它的声音嘹亮，
固然，我承认，它未免提示
古老的时代，女仆的住房。
我们该承认，我们很粗俗，
不但是诗句毫不高雅，
就在命名上也可以看出。
我们白受了很多年教化：
究竟从其中获得了什么？
也许是只学会矫揉造作。

二十五

好吧，就管她叫塔吉亚娜。

她既没有妹妹的美丽，
也没有她那鲜艳的面颊，
可以吸引他人的注意。
她忧郁，沉默，像林野的鹿
那样怯生，又那样不驯；
尽管她在自己的家里住，
也落落寡合，像是外人；
她从不和爸爸妈妈亲昵，
或倒在他们的怀里撒娇；
就在孩提时，她也不愿意
和别的孩子一块跳闹：
她宁愿独自坐在窗前，
默默无言地，坐一整天。

二十六

从儿时起，她所爱好的
是冥想，这才是她的友伴，
乡村的闲暇悠悠流去，
以幻想点缀了她的时间。
她那两手纤细的手指
从未沾过针线，她从没有
选出各种花样，弯着身子
在丝绸上一针针刺绣。
然而，很早她有个特征：
愿意做个辖人的公主。

她对洋娃娃不断地使用
社交场中的礼仪和谈吐：
而且，她是多么一本正经
把妈妈的教训讲给它听！

二十七

但是，即使是年龄还小，
她也不把娃娃抱在怀里，
她也不喜欢对它絮叨
关于城市和时装的消息。
对儿童的嬉闹毫无兴致，
却很喜欢在冬季的夜里
让人讲述恐怖的故事，
只有这才使她的心沉迷。
有时候，乳母为了奥丽嘉
把小小的友伴聚集到草地上，
玩着捉人的游戏或其他，
只有塔吉亚娜躲在一旁，
她厌烦她们的哄笑
和那一场无味的胡闹。

二十八

她喜欢当曙光尚未透露
在凉台等待早霞的彩色，
她爱看星群的圆舞

在苍白的天空逐渐沉没，
地平线跟着缓缓地明亮，
而那清晨的使者：微风
吹拂着，使白日冉冉登场。
在冬季，当寒夜的暗影
漫长地笼罩半个宇宙，
懒懒的东方躲在迷蒙的
月色里，也比平时睡得长久，
就在这种时候，万籁俱寂，
她也一样地按时起来，
点起了蜡烛走向凉台。

二十九

她很早就把小说读上瘾，
这对她比什么都更重要，
浪漫的故事吸去她的心，
无论是理查逊[1]，还是卢梭。
她的父亲是个好好先生，
虽然已活在过去的时代，
虽然小说没看过一种，
却不觉得它有什么祸害，
认为它只是信口瞎编、
给人消遣——从不想打听
在女儿枕下，是什么宝卷

---

[1]理查逊：英国小说家，写过一些以劝善为主题的家庭生活小说，代表作有《克拉丽莎》《葛兰狄生》等。

秘密地伴着她睡到天明。
而至于他妻子，她自己
早就是个理查逊的小说迷。

三十

这太太所以爱读理查逊
并不是用阅读打发时间，
也不是因为葛兰狄生
比拉夫雷斯①更令人喜欢。
而是多年前，在莫斯科，
她的表姐阿琳娜郡主
常常对她提起这些小说；
那时候，她对订婚的丈夫
并不满意，那都是父母主张，
而她心目中另有一个情郎，
多情、聪明，处处比丈夫风流：
这个俄国的葛兰狄生
是花花公子，赌博的能手，
而且是个近卫军军人。

三十一

那时候，她的衣着讲究合身，
和他一样，也尽力追求时尚，

①拉夫雷斯：理查逊小说《克拉丽莎》中的男主人公。

然而，少女并没有被征询，
便结了婚，父母硬给做了主张，
慎重的丈夫看出她的悲哀，
很快就搬到乡间去居住，
为的是换个环境，使她忘怀。
可是，天哪！周围是些什么人物！
起初她号啕大哭，非常痛心，
几乎就要和丈夫离异；
可是以后，为家务占了身，
逐渐习惯了，变得相当满意。
上帝本来没给人幸福，
"习惯"就是他赏赐的礼物。

三十二

无论悲哀是多么难于排遣，
"习惯"都能够化为恬静，
而且，有一个很大的发现
使这位太太异常高兴：
在百忙中，她找到一个秘诀
如何把丈夫置于她的股掌，
从此把他管得服服帖帖，
于是一切变得顺顺当当。
各种工作都要她来监督：
到冬天，她亲自腌腌蘑菇，
她记账，把农奴送去当兵，

生起气来，也打一下女仆，
每到礼拜六，必然洗澡净身，
这一切，全不必去问丈夫。

三十三

有过一时，她用血写的话
给女友的纪念册留下深情，
她管普拉斯科亚①叫宝琳娜②，
讲话用一种歌唱的声音。
她把腰身也束得很紧，
说俄文要带着法文腔调，
她的 H 字夹杂着鼻音。
但很快，这一切全都忘掉：
宝琳娜郡主、纪念册、紧身褡，
还有稿本中感伤的诗情
都成为过去，以前的西琳娜
也恢复了阿库里珈的原名。
而终于，她也惯于穿戴了
老式的棉絮睡衣和睡帽。

三十四

但丈夫却爱她而又体贴，
从来不干预太太的主意，

---

①普拉斯科亚：和下文的"阿库里珈"，是比较粗俗的名字。
②宝琳娜：和下文的"西琳娜"，是比较高雅的名字。

因为他信任她的一切，
而且，他进食也穿着睡衣。
他们的日子平静地流着。
有时候，和和气气的邻居
在傍晚，全家都过来做客，
随意地谈心，毫不拘泥；
或者伤感，或者品评是非，
说说笑笑，没一定的话题；
一会儿，让奥丽嘉预备茶水，
时间就这样轻轻地逝去，
刚吃过晚餐，又快要睡眠，
于是客人起了身，"再见，再见！"

三十五

他们平淡的生活的细节
还保留着优美的古风：
每到大斋期前的狂欢节
必定要吃俄国的油饼。
每年有两次他们要吃素，
不但爱听少女的占命歌谣，
也喜欢秋千和土风圆舞。
在降灵节日，谢主的祈祷
听得人们个个打瞌睡，
他们却记着自己的义务，
在草束上洒下两三滴泪。

像需要空气，他们需要酸乳。
在酒席间，按照客人的官级
他们让仆人把菜盘传递。

三十六

就这样，两夫妻老了下来。
日月荏苒，丈夫先临到大限，
墓门无情地为他打开，
他终于戴上冥冠，离开人间。
他是在饭前一小时去世——
这个善良的、淳朴的庄主。
他的死是个不小的损失，
邻居和孩子都同声恸哭，
忠实的妻子加倍沉痛。
在他长眠的地方，一块碑上
刻着铭文，向世人宣称：
狄米特里·拉林，官衔准将，
曾以有罪的一生侍奉上帝，
在这块碑下，永恒地安息。

三十七

年轻的连斯基从国外回归，
到了家园，也曾去吊祭
这老人的骨灰，看着墓碑，

他不由得深深地叹息，
久久黯然于人世的沧桑。
"唉，可怜的约瑞克！"他感叹，
"在我小的时候，他常常
把我抱在怀里，让我玩
他胸前的奥恰科夫勋章①！
他真心盼望奥丽嘉和我
有一天结婚，他这样讲：
我可能等到那快乐的一刻？……"
想罢，连斯基异常难过，
随即动笔写了一首挽歌。

三十八

同时，他想到父母的骨灰，
更不由得热泪盈眶；
他也为他们发出一篇感喟……
唉，在这生命的田垄上，
根据上天的隐秘的意图，
世人出现，滋长和繁荣，
然后倒下了，像收割的谷物，
旧的去了，新的又在出生……
就这样，轻浮的族类一代代
在世上活一阵，笑闹、澎湃，

---

①奥恰科夫勋章：奥恰科夫是土耳其要塞，1788年俄军将领苏沃洛夫攻克这座要塞，为纪念胜利，颁发了这种勋章。

然后就挤进祖先的墓门。
呵，我们的末日，有一天
也会来到，我们的子孙
把我们迟早也挤出人间！

三十九

尽情享受吧，我的朋友，
趁生命的美酒尚在唇边！
它是一个泡影，飘浮不久，
我对它从没有什么留恋，
美丽的幻景已和我无缘，
虽然，有时候，希望的火
也还使我的心受到熬煎。
我承认：我活着，我写作，
并非为了博得世人赞誉，
然而，我也不愿意虚度一生
然后就了无痕迹。我或许
能将自己的悲惨的遭逢
宣告世间，哪怕只是几句，
像老友，把我讲给后人听。

四十

它或许能感动谁的心灵；
那么，由我苦吟的这诗章

就算得到命运的宠幸，

不会沉入忘川①，被人遗忘。

也许（自我陶醉的梦想！）

连后世的贩夫走卒之流

看见我的被传播的遗像，

都会指出："那是诗人某某！"

呵，让我衷心地感谢你，

你缪斯脚下的膜拜者，

你以你的常青的记忆

保留了我这随意涂写的诗作；

我将感谢你以善意的手

把前人的花冠②加以整修。

（1831）

　　《叶甫盖尼·奥涅金》写作费时达八年之久。1823年5月，普希金在比萨拉比亚开始动笔，到1830年秋天，在波尔金诺村才将它写完。1831年秋天，他修订并补充了最后一章。

　　《叶甫盖尼·奥涅金》是普希金最著名的作品。这部史诗称得上是诗人灵魂的剖析和再现，传达了他对现实人生的看法和对人类本性的洞察与了解，被别林斯基誉为"俄国生活的百科全书和最富有人民性的作品"。

　　叶甫盖尼·奥涅金并不是一个十二月党人。十二月党人都有坚定的政治信仰，为了信仰奋不顾身，而奥涅金则是一个利己主义者，没有任何信念，对一切都感到"幻灭"。他没有等到完成学业，就和当时许多贵族青年一样，追逐着社交场中的宴乐。所不同的是：他资质聪慧，而

---

①忘川：冥府中的河名。传说人的魂魄在投生前饮了这条河的水，就可以将过去一生的事情全部忘记。

②前人的花冠：据说，普希金皇村学校的老师加里奇讲文学课时，开头总喜欢说："现在，我们来摸一摸前人的花冠。"

且富于情感。社交场中的游乐很快就使他厌烦了，他看出了上流社会的空虚和庸俗，从而对一切人都感到了幻灭。他一旦摆脱了上流社会，就不知道该做什么事情才好。于是，他心灵充满了怠倦，毫无目的地打发日子，成为一个什么也不能做的"多余人"。

奥涅金是俄国文学中第一个"多余人"形象，其标志就是他的"多余感"，其内心深处是怀疑主义，是"思想上的巨人，行动上的矮子"，既不愿站在政府的一边，与上流社会同流合污，又不能和人民站在一起，只能在愤世嫉俗中白白浪费自己的才华。

与奥涅金形成鲜明对比的，是诗中另一主角连斯基。他是一个理想主义者，充满狂热幻想和激情，同时又单纯、质朴，他相信自己来到世界上，就是为了创造事业、获得幸福。

这部叙事长诗中，最为光辉照人的形象是塔吉亚娜。她虽隶属于贵族阶级，却如普希金所说，她有一个"俄罗斯的灵魂"：她爱俄国的自然景物，爱俄国的歌曲和故事，爱自己的奶妈菲利普耶芙娜。在性格上，塔吉亚娜坚决果断，有很强的道德信念和责任感。塔吉亚娜的命运引起了读者深切的同情，"我可爱的塔吉亚娜"——这不仅是诗人的真心话，也是读者的共同感受。

这部叙事诗还有一个特点，即诗人本人常常出现在读者面前，他也好像也是长诗里的人物之一。他把自己说成是奥涅金的朋友，并表达对塔吉亚娜的喜爱，他评论拉林夫妇和连斯基，他把自己的创作意图讲给读者听，还往往在叙述中顺便插进个人的回忆，并以简短的格言形式发表感想，如"上帝本来没给人幸福""习惯，就是他赏赐的礼物"，等等。这样的插话，既丰富了长诗的思想内涵，又使长诗的叙述节奏和层次变得丰富多彩。

纵观普希金的一生，可以说他既是连斯基又是奥涅金。读过《叶甫盖尼·奥涅金》的人，会觉得其中有许多段落后来都成为不幸的预言，下面这些诗行差不多可以概括普希金的一生：

> 我那春天的黄金般的岁月，
>
> 你们往哪里，往哪里飞驰？
>
> 未来给我准备下了什么？
>
> 我的目光枉然地搜寻着，

它还隐藏在浓重的黑暗里。

别找了，命运的法律是公正的。

那枪弹会射中我，叫我倒下，

还是从我的身旁飞过，

两者都好：是清醒还是沉睡，

就要来到了，那命定的时刻，

操劳的白昼固然美好，

黑暗的来临也很美妙！

这是普希金最后一幅自画像，1836 年 2 月画在写给索洛古勃的信的草稿上。